***ACCESO GRATIS** a la Lectura en la Nube*

Para visualizar el libro electrónico en la nube de lectura envíe junto a su nombre y apellidos una fotografía del código de barras situado en la contraportada del libro y otra del ticket de compra a la dirección:

ebooktirant@tirant.com

En un máximo de 72 horas laborales le enviaremos el código de acceso con sus instrucciones.

CIBERINTELIGENCIA Y SUS MARCOS JURÍDICOS

Procedimiento de selección de originales, ver página web:
www.tirant.net/index.php/editorial/procedimiento-de-seleccion-de-originales

CIBERINTELIGENCIA Y SUS MARCOS JURÍDICOS

José Lominchar Jiménez

tirant lo blanch
Valencia, 2024

En caso de erratas y actualizaciones, la Editorial Tirant lo Blanch publicará la pertinente corrección en la página web www.tirant.com.

Director de la Colección:
JOSÉ LUIS GONZÁLEZ CUSSAC
Universidad de Valencia

© TIRANT LO BLANCH
EDITA: TIRANT LO BLANCH
C/ Artes Gráficas, 14 - 46010 - Valencia
TELFS.: 96/361 00 48 - 50
FAX: 96/369 41 51
Email: tlb@tirant.com
www.tirant.com
Librería virtual: www.tirant.es
DEPÓSITO LEGAL: V-1234-2024
ISBN: 978-84-1056-376-6
MAQUETA: Tink Factoría de Color

Si tiene alguna queja o sugerencia, envíenos un mail a: *atencioncliente@tirant.com*. En caso de no ser atendida su sugerencia, por favor, lea en *www.tirant.net/ index.php/empresa/politicas-de-empresa* nuestro procedimiento de quejas.

Responsabilidad Social Corporativa: http://www.tirant.net/Docs/RSCTirant.pdf

Índice

Prólogo

ANTONIO SÁNCHEZ BAYÓN, PHD5*

Una vez más, tengo el grato privilegio de prologar un nuevo libro del Prof. Lominchar. Se trata de uno de los principales expertos en Ciberinteligencia del mundo hispano-parlante. Esta nueva entrega es clave para saber cuáles son los marcos jurídicos de la disciplina, dándose a conocer el origen y desarrollo de su regulación, además de ofrecer una visión comparada y sistematizadora al respecto. Resulta clave porque ofrece un valioso mapa normativo, que facilita el tránsito entre sistemas jurídicos y permite reconocer el trasplante de instituciones entre Ordenamientos (Sánchez-Bayón, 2012 y 2014). Podría decirse que, con este libro, el Dr. Lominchar ha codificado la principal regulación a tener en cuenta en materia de Ciberinteligencia, consolidándola como nueva sub-rama jurídica, dentro de la línea de Derecho mixto (ya que tiene una importante carga de Derecho público y otra de Derecho privado).

Este libro cuenta con siete capítulos, más unos anexos bibliográficos muy útiles. El primer capítulo, trata el origen y desarrollo de la ciberinteligencia, según su evolución regulatoria. El segundo capítulo realiza un estudio jurídico comparado (sobre todo diacrónico). El tercer capítulo se centra en la experiencia española. El cuarto capítulo aborda las iniciativas de Derecho Comparado e Internacional. El quinto capítulo (el más extenso), trata las aplicaciones de los marcos jurídicos de la ciberinteligencia. El sexto capítulo ofrece una selección de retos y tendencias de futuro en ciberinteligencia. El séptimo capítulo ofrece unas conclusiones, prestando especial atención a los errores normativos y de no-regulación.

---

* Doctor en Derecho por la Univ. Complutense de Madrid-UCM, en Teología por la Univ. Murcia, en Humanidades por la Univ. Valladolid, en Filosofía por UCM y en Economía por UCM. Prof. Economía Aplicada en Universidad Rey Juan Carlos.

En definitiva, se trata de una obra muy completa, que puede ayudar como manual de clase, así como de fundamento para cualquier investigación especializada, al ayudar en la cimentación de partida.

Se invita a leer este texto, tanto por sus valiosos aportes (científico-académicos y técnico-profesionales), así como por su contribución a la consolidación de la ciberinteligencia como disciplina autónoma (aunque bien relacionada con las ciencias jurídicas, como puede comprobarse en la obra).

Sin más, ¡disfrútese de la lectura!

Capítulo 1

Ciberinteligencia: origen y desarrollo regulatorio

A día de hoy y según el lugar del mundo donde nos situemos, el término "ciberinteligencia" puede suscitar dos reacciones. La primera, el cuestionarse "*¿Qué es eso de la ciberinteligencia?*" y la segunda "*¿Qué tiene que ver el ciberespacio con el ámbito de la inteligencia?*".

Y es que, la ciberinteligencia pese a llevar años entre nosotros y cobrar cada vez más importancia, y teniendo presente que vivimos mundo hiperconectado y con todo (o casi todo) el conocimiento a nuestro alcance, se trata de una desconocida dependiendo de las áreas geográficas donde nos ubiquemos y el nivel de desarrollo de las mismas.

Además, debido a que aún en la actualidad —aunque cada vez menos— la Inteligencia continúa con el estigma social de estar asociada única y expresamente al espionaje, en ciertos sectores la ciberinteligencia, puede llegar a contemplarse con cierto recelo debido al desconocimiento extendido.

Pero ¿Qué es la ciberinteligencia y cuál es su origen?

La ciberinteligencia es una rama de la Inteligencia, la cual se desenvuelve en el ciberespacio y es empleada tanto por estados, organizaciones internacionales, como pequeñas y grandes empresas, incluyendo multinacionales.

Siendo su campo de acción bastante amplio, la ciberinteligencia se basa en la obtención de informaciones y datos para su posterior análisis. De modo que, permite localizar, perseguir e inclusive anticiparse a cualquier tipo de ciberamenazas y ciberataques. Sin olvidar que, ayuda a una mejor toma de decisiones, rebajando a los mínimos el nivel de incertidumbre, a la par que mitiga riesgos a los que se enfrenta cualquier tipo de persona física o jurídica que se encuentre en el ciberespacio.

Para tales fines, se sirve de un amplio conjunto de técnicas especializadas, como por ejemplo, la Inteligencia de fuentes abiertas, también conocida como *Open Source Intelligence* (OSINT) o *Threat Intelligence*, que traducida al español es Inteligencia de amenazas, entre otras.

Por tanto, con estos conceptos preliminares podemos discernir su importancia, para todos aquellos actores que se benefician de su empleo. Gracias a la ciberinteligencia, un estado puede proteger sus infraestructuras críticas dependientes de las conexiones de red, mediante una detección temprana de amenazas. Una multinacional puede defender sus servidores de cualquier tipo de ciberataque y generar protocolos de actuación para mitigar al mínimo los daños, de producirse efectivamente cualquier tipo de ataque contra ella y así, una larga lista de supuestos que nos permiten contemplar la importancia real y efectiva de la ciberinteligencia en la actualidad.

No obstante, no debemos olvidar el rol de la ciberseguridad. Ya que, en ocasiones ciberseguridad y ciberinteligencia pueden confundirse, lo que es un error. Y es que, la ciberseguridad engloba todas aquellas técnicas y procedimientos de protección de datos, redes, dispositivos y equipos de todos aquellos riesgos que pululan en el entorno digital.

Por lo que, el uso conjunto de ambas ciencias no sólo es una ventaja, sino que también es imperativo, pues las carencias de una, queda suplida por el ámbito de actuación de la otra.

Así pues, teniendo presente qué es la ciberinteligencia (y qué es la ciberseguridad) acudiremos a su origen, y para ello nos remontaremos a la época en la que se comenzó a conectar equipos informáticos a las redes, buscando la interconexión de éstas y así optimizar rendimiento de estas herramientas. Al mismo tiempo, analizaremos cuáles fueron las causas que motivaron el nacimiento de la ciberinteligencia y que poco a poco la transformaron en lo que hoy es.

ARPANET

Sobre los inicios de ARPANET, existen dos versiones. La primera de ellas (y más extendida en internet) encuadra su creación dentro del seno militar, mientras que el segundo relato del nacimiento de esta red, ofrece una explicación más concreta[1]. Y es por ello, que será la que expongamos a continuación.

La ARPANET[2] nació en 1969 en el seno de ARPA, Agencia para Proyectos de Investigación Avanzados, que pertenecía al Departamento de Defensa de los Estados Unidos.

Dentro de dicha agencia, se desarrollaban diversos proyectos y en la Oficina de técnicas de Procesamiento de Información (IPTO) nació de la mano de Robert W. Taylor[3], también conocido como "*el padre de internet*" el proyecto ARPANET. Siendo la pretensión inicial, crear una red que permitiera conectar los ordenadores de la administración a una misma red, de manera que se pudiera aumentar significativamente el rendimiento de trabajo.

Robert W. Taylor

Sin embargo, la idea no sólo contemplaba el conectar simultáneamente los equipos informáticos de una sola ubicación, sino que el planteamiento era conectar entre sí diversos ordenadores, que se localizaran en distintos puntos geográficos. Ello sumado a la intención de crear una red que permitiese seguir teniendo un flujo de conexión entre los equipos, aunque un ordenador dejase de estar operativo por cualesquiera que fueran las causas.

La ARPANET, no sólo funcionó y permitió generar una red de ordenadores interconectados y operativos (los cuales se situaron en las universidades de UCLA, Stanford y posteriormente Utah y Santa

---

1 Historia ARPANET. Vía: Internet y ARPANET: así se gestó el germen de la última gran revolución global (xataka.com)

2 Catálogo de la librería digital de la Universidad de UCLA. Los Ángeles, California, EEUU. Presentación, notas y planos de ARPANET. Vía: arpanet - UCLA Library Digital Collections Search Results

3 Biografía Robert W. Taylor: Robert Taylor, pionero de la informática (parceladigital.com)

Bárbara) sino que, en 1971 aumentó su capacidad a 24 ordenadores conectados a la red y en 1983 el número ascendió a 500 ordenadores. Y así, poco a poco, y conforme fueron avanzando y desarrollándose las tecnologías, se gestaron las subsiguientes redes e interconexiones expandiéndose globalmente.

No obstante, los inconvenientes de este progreso tecnológico, no tardaron en comenzar a hacer acto de presencia, apareciendo así las primeras ciberamenazas y ciberataques.

Ahora bien, hemos de tener presente el concepto de "ciberataque". Ya que, según la fuente a la que consultemos podemos encontrar una definición de ciberataque en un sentido amplio o estricto.

Si acudimos al servicio de Inteligencia de España, más conocido como Centro Nacional de Inteligencia o CNI, nos ofrece dos definiciones de ciberataque:

DEFINICIÓN Nº1:

> "Acción producida en el ciberespacio que compromete la disponibilidad, integridad y confidencialidad de la información mediante el acceso no autorizado, la modificación, degradación o destrucción de los sistemas de información y telecomunicaciones o las infraestructuras que los soportan.
> O.M. 10/2013, de 19 de febrero, por la que se crea el Mando Conjunto de Ciberdefensa de las Fuerzas Armadas[4]".

DEFINICIÓN Nº2:

> "Uso del ciberespacio para atacar a los sistemas y servicios presentes en el mismo o alcanzables a través suyo. El atacante busca acceder sin autorización a información, o alterar o impedir el funcionamiento de los servicios[5]."

Dichas definiciones hacen alusión al ciberespacio, lo que vendría a ser una definición del término en su sentido estricto. En cambio, también puede entenderse como "ciberataque" cualquier agresión

---

4 Definición nº1 glosario CNI: Glosario (cni.es)

5 Definición nº2 glosario CNI: Glosario (cni.es)

o tentativa de la misma, cometida hacia un sistema de telecomunicaciones.

Por lo que, interpretándose de dicha manera, hallamos el primer ciberataque de la historia[6] (o de los primeros) en Francia, en 1834. Irónicamente, los ciberdelincuentes quedaron totalmente impunes, debido a que la legislación francesa de aquella época carecía de tipificación para tal delito, ya que en ningún momento se contempló la posibilidad de que pudieran darse ese tipo de actos.

El objetivo del ciberataque fue el sistema nacional de telégrafo de Francia, cuyo uso se reservaba para el gobierno y los autores del ciberataque fueron *François y Joseph Blanc,* dos hermanos y banqueros de profesión. Aunque no actuaron solos, pues su cómplice se trató de un operador del telégrafo, a quien sobornaron para que accediera a sus pretensiones.

Pero ¿En qué consistió el ciberataque? Pues bien, los hermanos *Blanch* como banqueros, necesitaban información constante sobre los valores de los bonos de los mercados nacionales e internacionales, sin embargo, dichos datos tardaban demasiado en llegar mediante los sistemas de comunicación convencionales de la época. Lo que se traducía en que, quien obtuviera antes la información, mayor margen de actuación poseía y por ende, beneficios.

Siendo conscientes de este factor e indagando sobre cómo posicionarse frente a sus competidores, *François y Joseph,* sobornaron a un operario del telégrafo para que introdujera mensajes ocultos en los mensajes del gobierno. Siendo dichos mensajes indicaciones sobre los valores de los bonos de mercado, pero indicaciones encriptadas mediante símbolos. Posteriormente tales símbolos eran interpretados por un ayudante de los hermanos *Blanch* y así ellos obtenían la información con anticipación frente a sus competidores.

Este ciberataque perduró dos años, hasta un día en el que el operario cómplice de los dos banqueros enfermó, y le contó a otro ope-

6 Vía: Primer ciberataque de la historia y los ciberataques que han perdurado en el tiempo (esedsl.com)

rario que lo iba a sustituir lo que tenía que hacer, es decir, introducir los mensajes ocultos encriptados. Sin embargo, ese trabajador decidió no participar y denunció los hechos.

Si nos retrotraemos a la actualidad y analizamos este caso, quizás lo podríamos encuadrar dentro de la categoría de ciberataque conocida como "*Man In the Middle*" o "*MitM*".

Ya que, este tipo de ciberataque consiste en interceptar, manipular/o leer informaciones o datos mediante la monitorización de la actividad online.

La definición del ciberataque *"Man in the middle"* es la siguiente:

> "Un ataque Man-in-the-Middle se produce cuando un ciberdelincuente interviene en una comunicación o transferencia de datos entre dos partes. A simple vista, parecerá que se está produciendo un intercambio de información normal, pero, en realidad, el delincuente está escuchando, capturando o modificando la información intercambiada[7]".

En cuanto a los ciberataques producidos dentro del ciberespacio, los registros coinciden en una fecha y ubicación, siendo el 2 de noviembre de 1988 en Estados Unidos donde se detectó el primero. Y es que, el mundialmente conocido como *"Gusano de Morris*[8]*"* es considerado el primer *malware*[9] autorreplicable de la historia.

---

7 Definición ciberataque "Man in the Middle". Vía: ¿Qué es un ataque Man-in-the-Middle (MITM)? Definición y prevención - Administración de Sistemas (administraciondesistemas.com)

8 Historia del "gusano de morris". Vía: Está es la historia del Gusano Morris - Cultura Informática (cultura-informatica.com)

9 Definición *malware*: "*... programa informático (software, en inglés) cuya principal característica es que se ejecuta sin el conocimiento ni autorización del propietario o usuario del equipo infectado y realiza funciones en el sistema que son perjudiciales para el usuario y/o para el sistema.*" Vía: Malware | INCIBE | INCIBE

Robert Tappan Morris

Su creador fue *Robert Tappan Morris,* quien fue un científico informático graduado en la Universidad de Harvard. En este caso, sí que actuó el sistema judicial de Estados Unidos, tratándolo como autor de de un delito, con su consecuente sentencia judicial.

Sin embargo, la intención real de *Robert T. Morris,* estaba muy lejos de originar el primer *malware* de la historia, pues todo se trataba de un proyecto a modo de experimento que terminó infectando 6000 ordenadores que se encontraban conectados a la ARPANET.

Encontrándose en la Universidad de *Cornell, Ithaca,* Nueva York. Robert T. Morris generó el primer *software* malicioso, que si bien no dañó archivos o datos de aquellos ordenadores a los que infectó, causó un retraso significativo en el funcionamiento de los mismos, lo que comenzó a desestabilizar la cadena y ritmo de trabajo de todos los ordenadores conectados a la red.

En primer lugar, pirateó uno de los ordenadores del Instituto de Tecnología de Massachussets (MIT) y la "zona cero" fue la Universidad de California en *Berkeley,* pues desde dicha ubicación, el malware continuó propagándose de manera autónoma y oculta a través de la red, hasta alcanzar 6000 ordenadores conectados a ella.

Por lo que varias universidades, entre ellas la de Harvard, Princeton y Stanford, vieron como sus ordenadores fueron infectados por el "gusano de morris". Aunque no fue todo, pues su magnitud fue tal, que alcanzó a los ordenadores de la NASA.

Ante esta vicisitud algunas de las instituciones optaron por desconectar los equipos informáticos y otras, escogieron la opción de borrar los sistemas. Ya que, se desconocía cómo frenar el malware, pues hasta la fecha no se había producido ningún incidente similar.

Las consecuencias fueron notables, y es que, se estima que los daños económicos que ocasionó oscilaron entre los 100.000 y 10.000.000

dólares. En cuanto a qué sucedió con *Robert T. Morris*, el autor del *malware*, el proceso judicial al que fue sometido concluyó en 1990, con una condena consistente en la imposición de una pena de libertad condicional durante un período de tres años, cuatrocientas horas de servicio a la comunidad y además, una multa de 10.050 dólares.

Ello se debe, a que si bien en la época no se disponía de una legislación específica sobre ataques informáticos o ciberataques, sí que se encontraba vigente desde 1986 la *Ley de Abuso y Fraude informático*[10]. Así pues, en base a la misma y teniendo presente que *Robert T. Morris* accedió sin autorización al ordenador de la Universidad de California en Berkeley y fue el origen del ciberataque, se estableció la pertinente condena.

El suceso se trató de un punto de inflexión en lo que a ordenadores, redes y las consecuencias económicas y materiales de un software malicioso se refiere. Pues a raíz del ciberataque del "*gusano de morris*" nació el CERT o lo que es lo mismo, el Equipo de Respuesta ante Emergencias Informáticas. Instituciones que en la actualidad se encuentran insertas en todos los estados (o casi todos, dependiendo de su nivel de desarrollo) cubriendo todo el espectro internacional.

En el caso de España, el Equipo de Respuesta ante Emergencias Informáticas es el CCN-CERT[11] cuya legislación se recoge en la "*Ley 11/2002 reguladora del Centro Nacional de Inteligencia*[12], *el RD 421/2004 de regulación del CCN*[13] *y en el RD 311/2022, de 3 de mayo, que regula el Esquema Nacional de Seguridad*[14]".

---

10 Vid. contextualización *Ley de Abuso y Fraude Informático de 1986*, EEUU. Vía: Universidad de Cornell: 18 Código de EE. UU. § 1030 - Fraude y actividades relacionadas con computadoras | Código de EE. UU. | Ley de EE. UU. | LII / Instituto de Información Jurídica (cornell.edu)

11 Vid. Web oficial CCN-CERT: CCN-CERT (cni.es)

12 Vid. *Ley 11/2002 reguladora del Centro Nacional de Inteligencia: BOE 109 de 07/05/2002 Sec 1 Pag 16440 a 16444 (cni.es)*

13 Vid. *RD 421/2004 de regulación del CCN: rd421-2004centrocriptologiconacional.pdf (cni.es)*

14 Vid. *RD 311/2022, de 3 de mayo, que regula el Esquema Nacional de Seguridad: Disposición 7191 del BOE núm. 106 de 2022*

Con el pasar de los años, y como cabía esperar, se fueron sucediendo diversos tipos de ciberataques y cada cual, más sofisticado. Siendo el punto más vulnerable y por tanto la brecha perfecta para perpetrar los ataques el elemento humano. Factor que a día de hoy se mantiene.

Gracias a los avances tecnológicos, acceso a internet y velocidad con la que viaja la información, en la actualidad podemos conocer qué tipos de ciberataques existen a través de webs oficiales gubernamentales, páginas webs creadas por profesionales en la materia, etc. Un ejemplo de ello, lo encontramos en INCIBE[15], el Instituto Nacional de Ciberseguridad de España. El cual realiza una gran e importante labor de divulgación, con la finalidad de fomentar la educación ciudadana (y empresarial) en materia de ciberseguridad y todos aquellos aspectos fundamentales concernientes al ciberespacio.

De hecho, y en relación con los diversos tipos de ciberataques que existen y se conocen a día de hoy, INCIBE pone a disposición de todos los usuarios una guía básica sobre ciberataques[16]. Un documento de acceso gratuito y totalmente recomendado, para que los internautas puedan educarse en la materia y sobre todo, saber cómo actuar y defenderse en la red de los distintos tipos de ciberataques:

Imagen portada Guía de Ciberataques de INCIBE

En ella encontramos una clasificación de ciberataques según su clase, tipo y definición de los mismos. Además, ejemplos para cono-

---

15 Vid. Web oficial INCIBE: INCIBE | INCIBE

16 Acceso libre y gratuito a la *Guía de ciberataques* de INCIBE: Guía de ciberataques (incibe.es)

cer su *modus operandi* habitual y familiarizarse con ellos, de manera que permita una rápida y fácil detección por parte del usuario.

Como son:

1. Ataques a contraseña[17]
2. Ataques por ingeniería social[18]
3. Ataques a las conexiones[19]
4. Ataques por malware[20]

No obstante, para llegar a este punto de tener la capacidad de elaborar guías a distintos niveles (usuario, avanzado o profesional) han sido necesario años de avance, investigación, educación, legislación y sobre todo, hacer frente a muchísimos daños (físicos, materiales y emocionales) ocasionados por los ciberataques.

Ya que, al "*gusano de morris*" le siguió una amplia lista, sobre los que veremos los ejemplos más significativos a continuación:

Los dos primeros ciberataques, registrados en los años 1999 y 2000 respectivamente, alcanzaron su éxito justamente mediante el empleo de la ingeniería social. Y es que, la ingeniería social se trata del conjunto de técnicas psicológicas empleadas por los ciberdelincuentes y organizaciones de cibercriminales, hacia sus víctimas. Gracias a dichas técnicas psicológicas los ciberdelincuentes pueden conseguir de los perjudicados un rédito económico, acceder al verdadero objetivo del ciberataque, etc.

Si nos preguntamos cuáles son las técnicas psicológicas más comunes y ante las cuales un alto porcentaje de la población suele sucumbir, debido no sólo a su nivel de formación, sino que también puede darse porque la víctima se encuentre en un momento emocional bajo y no detecte a tiempo las verdaderas intenciones del ciberdelincuente. Se trata de la manipulación y la persuasión, en resumidas cuentas un gran manejo del arte del engaño. Farsa que puede durar

---

17 Pág 4. Guía ciberataques Incibe. Acceso a guía: nota 16.

18 Pág 7. Guía ciberataques Incibe. Acceso a guía: nota 16

19 Pág 15. Guía ciberataques Incibe. Acceso a guía: nota 16

20 Pág 30. Guía ciberataques Incibe. Acceso a guía: nota 16

y graduarse según la intención y finalidad que persiga el ciberdelincuente.

Por lo que, encontraremos casos donde la ingeniería social se emplee dentro de un margen temporal no superior a una semana y otros, donde se extienda incluso a meses. Todo dependerá del objetivo oculto del cibercriminal y además, de su perspicacia y manejo del factor psicológico.

Lo que revela, que con una alta probabilidad los ciberdelincuentes cuyo *modus operandi* para efectuar los ciberataques, sea por medio de la práctica de la ingeniería social, poseen un alto grado de inteligencia emocional, así como capacidad de lectura e interpretación de las emociones y carencias de las víctimas de los ciberataques.

De ahí, que el factor humano en la actualidad, se considere una de las mayores vulnerabilidades en lo que a ciberataques se refiere. Y comúnmente, la brecha de seguridad a la que se enfrentan muchas instituciones, empresas y multinacionales, pues a través de sus trabajadores y/o personal adscrito, suelen perpetrarse ciberataques, siendo su alcance de gran magnitud y por ende, los daños y perjuicios.

Entonces, si en pleno 2024 nos encontramos con tal circunstancia pese a la divulgación y mecanismos de protección existentes sobre ciberseguridad, ciberataques y consecuencias de los mismos, imaginemos cómo vivió y sobre todo, cómo afectó a la sociedad de 1999 en adelante, los ciberataques que comenzaron a recibir y ni siquiera sabían a qué peligros se exponían.

El primer ciberataque y correspondiente al año 1999, se produjo en Estados Unidos, dándose a conocer a los medios de comunicación de la época, mediante el nombre de "*Melissa*", causó tal nivel de alarma que *Microsoft* —a día de hoy mundialmente conocida, pero que en esas fechas se trataba de una empresa relativamente joven, aunque muy competente y capaz, fue fundada en 1976 por *Bil Gates* y *Paul Allen* en Albuquerque— y otras empresas que a día de hoy también son unas gigantes tecnológicas, tuvieran establecer bloqueos a las conexiones de internet.

Y es que, ciertamente no fue para menos, pues "*Melissa*" causó daños por el valor de 80 millones de dólares. Y todo debido a su capacidad de acción, así como propagación, pues su vía de expansión era a través de correo electrónico, siendo su funcionamiento el siguiente:

En primer lugar, el usuario del correo electrónico recibía en su bandeja de entrada un correo, cuyo asunto rezaba "mensaje importante —seguido del nombre de otro usuario—". El texto que contenía el correo electrónico, avisaba al receptor de que se le enviaba una cierta información y que no debía compartirla con nadie y dicha información presuntamente se encontraba en un archivo word o excel adjunto en el correo electrónico.

En ese archivo se encontraba el macrovirus, el cual se ejecutaba y se reenviaba autónomamente a los siguientes 50 contactos que la víctima tuviera en su agenda de direcciones. Lo que inició una cadena que parecía no tener fin, afectando a todos aquellos usuarios con cuyos correos electrónicos se topase.

El creador de "*Melissa*" quien comunicó que no se imaginaba el alcance y consecuencias de su virus, fue *David L. Smith*[21]. Fue condenado a pagar una multa de 5000 dólares y pena de prisión de 10 años.

Sin embargo, a los 20 meses comenzó a colaborar con el FBI, quien en esos momentos se encontraba investigando a otro ciberdelincuente para lograr capturarlo.

Se trataba de Jan de Wit, estudiante en aquellos momentos y de origen holandés, creador del virus *Anna Kournikova.* Virus, que en la línea del anterior (*Melissa*), se propagaba mediante correo electrónico y su contenido se trataba de una fotografía de la famosa tenista *Anna Kournikova*, llegando a afectar a Estados Unidos, Australia y parte de Europa[22]

Si bien, el virus conocido internacionalmente *Anna Kournikova* y cuyo nombre real de *malware* era "*Vbs.OnTheFly*" no causaba daño

---

21 Información vía: David L. Smith de Aberdeen Creador del Virus Melissa: Biografía (mejoreshackerfamosos.blogspot.com)

22 Dato vía: Anna Kournikova golpeó fuerte en la Red | Derecho de la Red

a los equipos informáticos e informaciones contenidas en estos, su capacidad para autoenviarse y no dejar rastro (ya que, eliminaba el correo inicial que llegaba a la bandeja de entrada, después de continuar propagándose a través de el listado de contactos que el usuario tuviera agendados) fue tal, que Microsoft precisó de generar y lanzar un parche de seguridad[23] para frenar su avance por toda la red.

No obstante, su antecesor, el virus ILoveYou, sí que generó daños materiales a gran escala. Existiendo un año de diferencia entre el lanzamiento de ILoveYou (años 2000) y el virus *Anna Kournikova* (2001) y tratándose nuevamente de un *malware* que se propagaba utilizando como medio los correos electrónicos, su funcionamiento era el siguiente:

El correo contenía un archivo adjunto, el cual emulaba ser una carta de amor en formato de texto, dirigida hacia el propietario de la dirección de correo electrónico seleccionada (la víctima). Su nombre era *"LOVE-LETTER-FOR-YOU.TXT.vbs"*

La extensión final, es decir, "*.vbs*" indicaba que realmente no se trataba de un archivo en formato de texto (*.TXT*) sino que era el mecanismo empleado para camuflar el software escrito en Virtual Basic[24].

Dicho software, comenzaba a extenderse por el sistema operativo del ordenador y además, de manera autónoma descargaba un archivo (llamado *"WIN-BUGSFIX.exe"*) seleccionando una de las cuatro páginas webs disponibles para dicha tarea. Posteriormente, detectaba la clave cifrada del ordenador para acceder a internet y así, enviaba la información del equipo a una dirección que correspondía a Filipinas (lugar donde radicaba el creador de ILoveYou). Aunque eso no era

---

23 Parche de seguridad: en informática, existen varios tipos de parches (parche de código fuente, traducción, depuración, seguridad, y actualización. En términos sencillos, los parches son tecnológicos que permiten corregir/modificar/actualizar errores que aparecen en los softwares. Definición vía: ¿Qué es un parche informático? (contrapc.es)

24 Virtual basic: "... *lenguaje de programación orientado a objetos desarrollado por Microsoft. El uso de Visual Basic agiliza y simplifica la creación de aplicaciones.NET con seguridad de tipos.*" Definición vía: Documentos de Visual Basic: inicio, tutoriales y referencias. | Microsoft Learn

todo. El virus también comenzaba a sobreescribir los archivos que estuvieran alojados en el equipo y así, se autoreplicaba.

Ahora bien ¿Cuáles fueron las consecuencias, si avisamos anteriormente de qué generó daños de una gran envergadura? Para que nos hagamos una idea, llegó a afectar a la CIA, el Parlamento Británico y ni más, ni menos que al mismísimo Pentágono. Económicamente provocó pérdidas por un valor superior a los cinco mil millones de dólares a escala internacional.

La autoría del virus correspondió a un joven de 23 años de Filipinas, llamado Onel de Guzmán, quien para su trabajo final de Grado en la *AMA Computer College* propuso a sus mentores la creación de dicho virus a modo de experimento y así demostrar que era posible robar contraseñas. Sin embargo, la propuesta de Onel de Guzmán fue rechazada, aunque eso no le frenó como hemos podido comprobar.

Según las fuentes, pese a que las Fuerzas y Cuerpos de Seguridad se encontraban investigando para rastrearlo y detenerlo, el asunto finalizó sin ninguna consecuencia penal. Ello motivado por la conducta de Onel de Guzmán, quien se entregó voluntariamente, mientras alegaba la falta de intencionalidad de causar perjuicio alguno.

Los siguientes años de la década de los dos mil, estuvieron marcados por diversos ciberataques, cada uno de diferente calado. En cambio, fue uno en concreto el que sembró el pánico a nivel internacional y en este caso, se señaló a dos gobiernos en concreto sobre su creación.

Dado a conocer por los medios de comunicación internacionales como "*Stuxnet*", y detectado entre los años 2009 y 2010, este virus posee la consideración de "la primera ciberarma de la historia"[25]. Y no fue para menos, pues se trató de uno de los detonantes para ampliar el concepto de "guerra" que se tenía hasta la fecha, abriendo paso al uso de nuevos términos como "ciberguerra" o "guerra híbrida".

---

25 Fuente vía: STUXNET: La primera ciberarma de la historia (cronicaseguridad.com)

Siendo sus definiciones las siguientes:

- Ciberguerra: "*La ciberguerra, también llamada guerra cibernética, es el conflicto armado cuyo campo de batalla es el ciberespacio. Se basa en ataques digitales diseñados para dañar los sistemas informáticos que permiten a los ciudadanos de un país realizar tareas esenciales: bancos, centrales de energía…*[26]"
- Guerra híbrida: "*Empleo sincronizado de múltiples instrumentos de poder adaptado a las vulnerabilidades específicas de la sociedad (objetivo) a través de todo el espectro de las funciones de esta para lograr efectos sinérgicos*[27]"

Adicionalmente, fue el primer ciberataque que causó daños físicos, provocando el cierre de la central nuclear de Natanz, en Irán.

---

26 Definición vía: Ciberguerra: tipos, peligros y ejemplos actuales | NordVPN

27 Definición vía: QUIÑONES DE LA IGLESIA, Francisco Javier. Una revisión del concepto «guerra híbrida/actor híbrido». Documento de Opinión IEEE 153/2020. http://www.ieee.es/Galerias/fichero/docs_opinion/2020/DIEEEO153_2020FRAQUI.guerrahibrid a.pdf proveniente de: REICHBORN-KJENNERUD, Erik y CULLEN, Patrick, "Understanding Hybrid Warfare", MCDC Countering Hybrid Warfare Project, Norwegian Institute of International Affairs (NUPI), 2017, p. 8. Disponible en: https://assets.publishing.service.gov.uk/government/uploads/system/uploads/attachment_data/file/64777 6/dar_mcdc_hybrid_warfare.pdf

Siendo desconocido el método usado para insertar el virus dentro de la red de la central, pues la misma no se estaba conectada a internet. Según las fuentes, se sospechó que lo más probable es que el virus hubiera sido introducido manualmente por alguien desconocido, a través de una memoria externa en uno de los puertos USB de los equipos informáticos de la central nuclear.

Una vez dentro del sistema, el virus comenzó a atacar a las centrifugadoras de la central, alterando su funcionamiento de manera recurrente. Hecho ante el cual, el personal del lugar no comprendía qué era lo que estaba sucediendo, ni qué era lo que provocaba tal circunstancia. Pues en apariencia, todo estaba en orden.

Paulatinamente, mientras pasaba desapercibido, *Stuxnet,* comenzó a afectar a cada equipo de la central nuclear, incluyendo los sistemas de apagado de emergencia. De manera que el virus se hizo con el control de la central, impidiendo incluso que el personal de la central pudiera desactivar los sistemas. Esto provocó que la maquinaria se alterase y terminara colapsando por completo, ocasionando el cierre obligatorio de la central.

Finalmente, una empresa bielorrusa logró detectar el virus. Aunque fue una ardua tarea, sobre todo por la complejidad del código que configuraba a *Stuxnet.* Pues parte del mismo, contenía partes de SCADA, cuyo acrónimo se corresponde a "*Control de Supervisión y Adquisición de datos*". Se trata de un software que en tiempo real permite recopilar, almacenar y analizar datos e informaciones, para posteriormente monitorear y controlar equipos[28].

De ahí, que se llegase a la conclusión de que para crear el virus *Stuxnet* muy probablemente, fue necesario contar con un equipo de expertos en softwares altamente cualificados.

Detectar el virus, investigarlo y conocer su funcionamiento para así comprender los hechos que se sucedieron en la central nuclear de Irán, llevó meses. Y la noticia se propagó a nivel mundial. Lo que, teniendo presente el contexto geopolítico del momento, las tensio-

---

28 Definición vía: ¿Qué es SCADA? Control de Supervisión y Adquisición de Datos (oleumtech.com)

nes existentes, complejidad del código del *Stuxnet,* entre otros factores determinantes, provocó que el presidente de Irán, señalase como autores del virus a Estados Unidos e Israel.

Ambos países negaron tajantemente la acusación, a tal grado que Estados Unidos comenzó una investigación con la intencionalidad de localizar al verdadero atacante. Sin embargo, el tiempo continuó pasando y no se emitió ningún comunicado donde se revelase ningún tipo de información sobre el verdadero autor del ciberataque.

Internacionalmente se emitieron avisos de alerta ante la presencia y consecuencias de Stuxnet, pues el escenario de ataque no sólo fue la central nuclear de Irán. Semanas después de que se conociera el incidente, en Alemania saltaron las alarmas, pues Stuxnet fue detectado en el área industrial del país[29].

A día de hoy, y según las fuentes que sean consultadas, las informaciones sobre dicho asunto variarán, así como se tornará certera la autoría del ciberataque achacada a Estados Unidos e Israel. Sea como sea y al margen de presunciones, este virus marcó un antes y un después, abriendo la veda a un nuevo concepto de ataque de país a país, un terreno que para la época no era tan conocido.

De modo que, sumado al resto de ciberataques que se fueron sucediendo, los avances tecnológicos y cómo progresivamente fue transformándose la manera en la que se transmitían las informaciones, el entorno digital adquirió protagonismo, dando a la tan conocida hiperconectividad (en este sentido, también hemos de tener en consideración el factor social y su evolución). Los datos e informaciones comenzaron a digitalizarse a gran escala al suponer un beneficio en cuanto a velocidad de transmisión, capacidad de volumen y alcance, ya que las distancias dejaban de suponer un problema al almacenar todo en la red.

Todos estos elementos, desembocaron en el nacimiento de una nueva necesidad. Se necesitaba poder detectar las amenazas existentes en el ciberespacio, analizar cómo podrían avanzar, qué nuevos

---

[29] Noticia Stuxnet en Alemania 04/10/2010: El virus Stuxnet ataca también a la industria alemana | Público (publico.es)

tipos de ciberataques podrían llegar a aparecer, elaborar escenarios (desde los más probables, hasta los más caóticos) detectar y prevenir las vulnerabilidades propias y mitigar los riesgos de sufrir los ataques que posiblemente se encontraban en la red, a la espera de una oportunidad para asaltar y dañar cualquier tipo de equipos, sistemas e infraestructuras críticas.

Todo ello, mediante un recopilado pormenorizado, una investigación profunda y sobre todo, contando con personal preparado para ello. Pues como hemos visto, las víctimas podían ser desde civiles, hasta estados. Estados, que cada vez poseían más conocimientos y medios en lo que al ciberespacio se refiere y podrían suponer una amenaza a nivel internacional o para con otro estado con el que existiera una enemistad manifiesta.

Es en este contexto y bajo estas circunstancias, donde la ciberinteligencia fue adquiriendo importancia, para cubrir esas necesidades y continuar evolucionando al mismo tiempo que lo hacía la sociedad, el ciberespacio y las amenazas latentes en él. Tratándose de una rama de la Inteligencia desde antiguo ligada al ámbito militar, es una disciplina cuya consideración y reconocimiento ha ido en aumento.

Lo cual, no ha sido una labor sencilla debido a que la Inteligencia y cualesquiera de sus ramificaciones, han debido enfrentarse constantemente a la idea extendida de que dicha ciencia únicamente guarda relación con el espionaje, lo que suscita desconfianza, a la par que genera un cierto grado de incredulidad ante sus capacidades y beneficios de uso.

Evolución normativa

En lo que concierne al ciberespacio, amenazas en él existentes y ciberdelincuencia, si la ciberinteligencia ha debido evolucionar con el transcurso de los años y continúa haciéndolo, el derecho no ha sido menos. Y es que, en el terreno legislativo de cada nación e incluso en el contexto internacional, los legisladores han tenido que redoblar esfuerzos para avanzar al mismo tiempo que la sociedad y en más de una ocasión, a contrarreloj.

Cómo vimos en uno de los ejemplos anteriores, uno de los autores de los primeros ciberataques, quedó impune al no hallarse ningún tipo penal que regulase la acción cometida en ese momento. La ausencia de tipicidad, por tanto supuso y generó una verdadera problemática, que si no se paliaba a tiempo, podría generar un auténtico llamado al desorden social y como no, delincuencia y daños sin consecuencias.

¿A qué se enfrentó el derecho?

Los sistemas legislativos establecidos hasta la fecha, precisaron de nuevos marcos normativos y leyes en diversas vertientes, pues no sólo se ampliaba el horizonte en el área de los ciberataques, sino que la tecnología en todo su conjunto, modificó casi todos los sectores sociales debido a la globalización y las normas reguladoras hubieron de acudir a cada uno de ellos. Atendiendo no sólo a su actualización, sino también a la generación de nuevo contenido.

Los sistemas jurídicos tuvieron que abarcar:

- *Ámbito de privacidad y protección de datos.*

Cada país con sus sistemas y distinciones, aunque su base cumple la misma finalidad, proteger los datos y las informaciones personales, tanto de personas físicas como jurídicas. Ello derivado por su recopilación en masa y alojamiento en sistemas que se hospedan en internet o bien, acceden al mismo constantemente.

De hecho, como el resto de áreas que continuaremos viendo, este elemento se encuentra en constante actualización, debido a los cambios incesantes que se generan por la velocidad a la que avanza el desarrollo tecnológico, que aunado al ritmo vertiginoso con el que los ciberdelincuentes encuentran brechas de seguridad y emplean su pericia para ejecutar cada vez ciberataques más sofisticados, supone un riesgo para la seguridad en lo que a datos personales se refiere.

Tanto es así, que no en pocas ocasiones en la actualidad, aún continúan saltando a través de los medios de comunicación noticias sobre ciberataques a instituciones gubernamentales y grandes empresas, que logran en mayor o menor escala, hacerse con información de su personal o de los usuarios registrados.

Un ejemplo reciente de este tipo de noticias y cuya fecha se corresponde al 3 de octubre de 2023, lo encontramos en España, concretamente en Valencia.

Un ciberataque usó como vehículo una App oficial (Rivia) para llegar a la base de datos del Registro Supramunicipal de Animales de Compañía, donde accedió y robó los datos personales al completo de todos los dueños de mascotas registrados[30].

En este sentido, y al margen de las instituciones y administraciones, las aerolíneas (y en sí, todo el sector comercial/financiero) padecen ciberataques. Como es el caso de Air Europa quien sufrió un hackeo el día 10 de octubre de 2023. Aquí podemos ver el titular de la noticia publicada por el medio de comunicación español "El País[31]":

CIBERATAQUES >

Air Europa sufre un ciberataque y pide a sus clientes que cancelen las tarjetas de crédito

La aerolínea afirma que el 'hackeo' está controlado y que no ha detectado ningún fraude por el momento

- *Ámbito civil y penal:*

Sobre los códigos y compendios del derecho civil y el derecho penal, se ha podido contemplar una verdadera metamorfosis. Dado que, los tipos constitutivos de conductas infractoras, en base a la legislación vigente regulados y recopilados hasta la fecha, necesitaron una actualización que pudiese entrar en una armonía con la realidad social, acorde a los hechos y acciones (omisiones también).

---

30 Acceso a la noticia completa, vía esdiario.com: Un ciberataque roba datos personales de titulares de mascotas en - ESdiario

31 Acceso a la noticia completa, vía elpais.com: Air Europa sufre un ciberataque y pide a sus clientes que cancelen las tarjetas de crédito | Economía | EL PAÍS (elpais.com)

Además, la labor legislativa también tuvo que producir nuevas leyes dentro de este contexto y así, poder tipificar aquellas conductas sancionables que hasta la fecha, carecían de marco legal. Lo que daba como resultado la impunidad pese a la generación de daños y perjuicios.

Pues a pesar de contar con el principio de analogía, en ocasiones su aplicación o bien no era suficiente, o dejaba bastantes lagunas por la pretensión de querer forzar un tipo previo y ajustarlo a nueva conducta carente de tipificación.

En el caso de España, dicho principio de analogía se contempla en el art. 4 de su Código Civil de 1889, correspondiente al capítulo II *"aplicación de las normas jurídicas"* del título preliminar[32]:

Art. 4.

1. Procederá la aplicación analógica de las normas cuando éstas no contemplen un supuesto específico, pero regulen otro semejante entre los que se aprecie identidad de razón.
2. Las leyes penales, las excepcionales y las de ámbito temporal no se aplicarán a supuestos ni en momentos distintos de los comprendidos expresamente en ellas.
3. Las disposiciones de este Código se aplicarán como supletorias en las materias regidas por otras leyes.

Como podemos ver, en el apartado nº2 del art 4. del Código Civil de España, no se permite aplicar el principio de analogía en "*Las leyes penales, las excepcionales y las de ámbito temporal*". Como ocurre en más países y de ahí, la necesidad de generar nueva legislación, con alcance y cubriendo todas las nuevas conductas sancionables surgidas y desarrolladas a través del ciberespacio.

Así pues, los sistemas jurídicos dentro del ámbito civil y penal, han desarrollado marcos normativos que regulasen los accesos a los sistemas informáticos, con el fin de sancionar aquellas entradas a los sistemas que se efectuaran de manera no autorizada.

De otro lado, aquellas conductas/acciones que ocasionen daños y/o interrupciones a las redes, sistemas y equipos informáticos. Es

---

32 Código Civil de 1889: BOE-A-1889-4763 Real Decreto de 24 de julio de 1889 por el que se publica el Código Civil.

decir, acciones que se perpetran mediante ciberataques, como por ejemplo un ataque *DDoS*[33]

Sobre el fraude online y el robo de datos personales, también se ha generado una amplia gama normativa. Con la intencionalidad de abarcar cada tipo de ciberataque existente y probable, en base a la jurisprudencia disponible y previsiones sobre los avances de la ciberdelincuencia, los cuales engloban la suplantación de identidad, fraude, robo de información personal/financiera, entre otros. Propósito que se esconde en los ciberataques por ingeniería social (*phishing*[34], *smishing*[35],*baiting*[36], *spam*[37] o fraude online, entre otros) y ataques a las conexiones, en concreto Spoofing[38] y sus variantes.

---

33 Definición ataque DDoS vía Kaspersky:" ...*ataques de denegación de servicio distribuidos (DDoS). Este tipo de ataque aprovecha los límites de capacidad específicos que se aplican a los recursos de red, como la infraestructura sobre la que se basa el sitio web de una empresa. El ataque DDoS enviará gran cantidad de solicitudes al recurso web atacado con el fin de superar la capacidad del sitio web para gestionar tantas solicitudes y evitar así que este funcione correctamente*" Url: Qué son los ataques DDoS y cómo evitarlos (kaspersky.es)

34 Definición Phishing vía Proofpoint: "... *estrategia en la que los atacantes envían correos electrónicos malintencionados diseñados para estafar a sus víctimas. La idea suele ser que los usuarios revelen información financiera, credenciales del sistema u otros datos delicados*". Url:¿Qué es phishing? - Definición, ejemplos de ataques y más | Proofpoint ES

35 Definición Smishing vía Norton: "...*forma de phishing mediante la cual alguien intenta obtener información privada a través de un mensaje de texto o SMS*" Url: ¿Qué es el smishing? (norton.com)

36 Definición Baiting vía RedSeguridad: "..*ciberataque que consiste en dejar abandonado un dispositivo de almacenamiento extraíble (ya sea un USB, CD, DVD o móvil) infectado con un software malicioso en algún lugar a la vista para tentar a la víctima a cogerlo y ver lo que contiene. Una vez que lo ejecuta en su ordenador, el malware hará su trabajo.*" Url: Baiting: qué es y cómo evitar este ataque informático de ingeniería social (redseguridad.com)

37 Definición Spam vía Proofpoint: "*correo electrónico comercial no solicitado (UCE), consiste en anuncios no deseados y cuestionables enviados por correo electrónico de forma masiva*" Url: ¿Qué es spam y como evitarlo? | Proofpoint ES

38 Definición Spoofing vía NordVPN: "...*es una práctica ilegal que consiste en suplantar la identidad electrónica de una persona para ocultar la suya propia. Esta máscara les permite cometer delitos online...* " Url: ¿Qué es el spoofing? Todo lo que debes saber | NordVPN

Conectado con lo anteriormente expuesto, encontramos las regulaciones sobre los delitos financieros, cuya área de ejecución se sitúa en el espacio cibernético y hace referencia al robo de cuentas y/o sistemas de pago.

De hecho, podemos leer varios artículos que atienden a dicha temática, como por ejemplo, el artículo de Miguel Bustos Rubio, profesor titular de Derecho Penal de la Universidad de La Rioja.

Publicado en la *Revista de Internet, Derecho y Política* de la Universidad de la Rioja, en febrero de 2023. Siendo su título " *La reforma de la ciberestafa y la incorporación de los medios de pago digitales en el Código Penal*"[39]

El delito de amenazas, también ha evolucionado legislativamente adaptándose a su nueva versión la cual se desenvuelve en el ciberespacio, incluyendo la extorsión, acoso en línea y todas aquellas conductas que ejerzan sobre las personas físicas cualquier tipo de alteración significativa y pueda suponer un menoscabo a su integridad, dignidad y honor.

Por otro lado, el espionaje desarrollado en el plano de realidad abstracta que configura internet, indudablemente ha sido y es materia regulada a nivel jurídico. En su contexto más amplio, contemplándose no sólo desde el paradigma de la ciberdelincuencia, sino incluyendo a las agencias de inteligencia de cada estado.

Pues si cada agencia de inteligencia, cuenta con su propia regulación según la nación a la que pertenezca, sus funciones, atribuciones y alcance, son de igual modo reguladas de manera estricta, a fin de salvaguardar la seguridad nacional y los intereses del estado. Y como no, evitar cualquier conflicto internacional por actividades llevadas a cabo por los funcionarios y/o agentes adscritos a cada agencia y que puedan desencadenar a corto, largo o medio plazo tensiones o disputas y/o contiendas.

---

[39] Acceso al artículo: https://www.google.com/url?sa=t&rct=j&q=&esrc=s&source=web&cd=&cad=rja&uact=8&ved=2ahUKEwjQ2sb86_KBAxWmTqQEHZBCAGUQFnoECA4QAQ&url=https%3A%2F%2Fdialnet.unirioja.es%2Fdescarga%2Farticulo%2F9087349.pdf&usg=AOvVaw0fd62aj-xIBxBdRJL8k3Ik&opi=89978449

Sin obviar el espionaje comercial o corporativo, pues en lo que al sector empresarial respecta, el ciberespionaje se trata de un terreno pantanoso y muy actual, debido a que los activos de mayor valor son las informaciones que con tanto recelo protegen las grandes corporaciones.

Tanto es así, que durante el período álgido de la pandemia del COVID-19, un gran porcentaje del sector empresarial (desde PYMES hasta multinacionales) tuvo que realizar inversiones considerables en ciberseguridad para aumentar la seguridad de sus sistemas e infraestructuras y así hacer frente a la oleada de ciberataques que se vivió. Incluyendo, el ciberespionaje corporativo.

En cuanto a los softwares, dispositivos físicos tecnológicos y cualquier equipo que pueda acceder a la red así como almacenar datos e informaciones, se ha producido legislación específica.

Otros aspectos que el derecho tuvo que abordar fueron:

- Derecho de acceso a internet
- Derecho de telecomunicaciones
- Propiedad Intelectual
- Comercio electrónico
- Regulación laboral, derechos de los trabajadores y las tecnologías
- Terreno de criptomonedas y blockchain
- Maquinaria tecnológica y robótica
- Inteligencia artificial

Y ésto sólo se trata de una pequeña muestra de la tarea legislativa en este contexto. Sobre el cual volveremos y desarrollaremos en profundidad en los siguientes epígrafes.

En lo concerniente a la ciberinteligencia, partiendo de la base de que se trata de la obtención de datos e informaciones, para su posterior análisis y así prevenir y prever (prospectiva[40]) las amenazas correspondientes al ciberespacio, su regulación normativa, también ha visto una evolución. Pues si bien, diversos elementos mencionados con anterioridad también guardan relación directa en el ámbito de la ciberinteligencia, existen factores específicos aplicados a la misma.

Vista su definición, localizamos pues los elementos objeto de regulación:

– *Obtención de datos:*

  Para conseguir datos e informaciones, en primer lugar hay que determinar los parámetros de a qué lugares se puede acceder dentro de la vía legal para obtenerlos. Por ejemplo, la técnica de obtención de información a través de fuentes abiertas, también conocido por sus siglas en inglés como OSINT (técnica usada por la ciberinteligencia como vimos previamente) permite detectar las informaciones mediante fuentes públicas.

  Lograr dicha información contenida en bases de datos privadas, de uso reservado y/o acceso restringido y que necesite autorización sin contar con ella, se trata de un ilícito. Además, los medios empleados para ello y si durante el proceso se genera algún tipo de daño, también son conductas constituyentes de delito.

  Por lo que podemos observar que, el origen de la información, su naturaleza y el modo de obtención se tratan de factores que se han tenido presentes y han sido objeto de tipificación.

  De ahí, que la ciberinteligencia armonice con las leyes fijadas sobre ciberseguridad, privacidad y protección de datos, incluyendo el ámbito ético y protección de derechos. Pues durante el desempeño de sus funciones, no debe colisionar en ningún momento con los derechos fundamentales.

---

40 Definición de prospectiva aplicada a la Inteligencia. Diccionario de la Real Academia Española, segunda acepción " *Conjunto de análisis y estudios realizados con el fin de explorar o de predecir el futuro en una determinada materia.*" Url: prospectivo, prospectiva | Definición | Diccionario de la lengua española | RAE - ASALE

– *Almacenamiento y tratamiento:*

La información que se obtiene no siempre es de carácter público, ya sea porque quien la ha conseguido es una Agencia de Inteligencia durante el transcurso de una investigación en curso, un gobierno con la finalidad de establecer o actualizar su sistema de seguridad nacional, una organización internacional con la pretensión de fijar sus parámetros de actuación o una multinacional en busca de crear estrategias de negocios a largo plazo y así, un largo listado de supuestos.

Es por ello, que la información conseguida de carácter reservado y/o sensible (adquirida legítimamente y bajo circunstancias que así lo justifiquen) debe ser debidamente custodiada y protegida posteriormente, para lo cual también está presente en el escenario los marcos normativos específicos.

Por ejemplo, la norma ISO 27001 se trata de un estándar internacional donde se fijan los parámetros para generar, mantener y mejorar mediante actualizaciones los sistemas de gestión de la seguridad de la información.

– *Detección de amenazas:*

Analizar y detectar amenazas, así como la producción de ciberataques, en ocasiones necesita de emularlos, para comprenderlos y además, detectar brechas de seguridad, vulnerabilidades y así mitigar los riesgos potenciales existentes, para lograr establecer un nivel óptimo de seguridad.

En este sentido, la legislación vigente también ha establecido leyes al respecto, como es el caso de la Directiva NIS de la Unión Europea o "*DIRECTIVA (UE) 2016/1148 DEL PARLAMENTO EUROPEO Y DEL CONSEJO de 6 de julio de 2016 relativa a las medidas destinadas garantizar un elevado nivel común de seguridad de las redes y sistemas de información en la Unión*[41]"

Con todo esto, quizás la relación entre el origen y evolución normativa de la ciberinteligencia se precie algo difusa o carente de con-

---

41 Lectura completa de la Directiva NIS de la Unión europea: L_2016194ES.01000101.xml (europa.eu)

creción. De ser esa la sensación, no está lejos de la realidad, pues en sí no se dispone de un momento exacto en que los sistemas legislativos se centraran en la ciberinteligencia como tal para elaborar normas, incluso a nivel internacional.

Por tanto, lo que debe retener el lector es que, la ciberinteligencia y el derecho en conjunto han ido evolucionando progresivamente y de acuerdo a la necesidad del momento, una de las dos ha debido ajustarse a la otra y viceversa. Los sucesos y contextos de cada nación, así como circunstancias geopolíticas del momento, aunado al desarrollo tecnológico y digital, han sido factores determinantes para ello.

Cada país cuenta con su propio sistema legislativo y a razón del mismo, se ha adaptado su marco normativo a la ciberinteligencia, sujeto a su nivel de desarrollo, capacidad económica y situación dentro del panorama internacional del momento.

En cuanto a las organizaciones internacionales, acuerdos y/o tratados establecidos de manera bilateral o multilateral entre países, la suerte ha sido la misma. Es decir, la necesidad constante de desarrollo paulatino, para lograr un equilibrio entre hacer frente a las ciberamenazas y no quedar obsoletos y por ende, indefensos.

Así pues, llegamos al punto de la coordinación y colaboración, elementos indispensables. Dado que, los ciberataques y la ciberdelincuencia es una problemática que incumbe a nivel global, pues a desenvolverse en la red, no conoce de límites, ni fronteras, al mismo tiempo que su capacidad de propagación puede darse en cuestión de segundos, es fundamental a la cooperación entre estados y organizaciones.

Alertar en tiempo real y con celeridad de las amenazas detectadas, de los ataques padecidos, sus consecuencias y magnitud de daños, se ha convertido en una necesidad prioritaria en pro de velar por la seguridad a nivel estatal, gubernamental, corporativo e internacional.

Es por ello, que la labor legislativa y actualización de la ciberinteligencia ante las amenazas, no cesa. Ni lo hará. No obstante y como adelantamos, solo se trata de una pincelada sobre la evolución normativa en lo que respecta a la ciberinteligencia. Pues a continuación explicaremos poco a poco y de manera pormenorizada dicho avance legislativo.

Capítulo 2

Evolución normativa comparada

Como adelantamos, hablar estrictamente de evolución normativa aplicada únicamente a la ciberinteligencia, se trataría de un error de enfoque, pues lo que sucedió fue una metamorfosis en conjunto y adaptada a las amenazas a las que hubo que hacer frente en cada etapa de la historia desde que surgieron los primeros ciberataques.

Es por ello, que dependiendo del país, momento histórico, mentalidad social y desarrollo, las leyes promulgadas guarden relación directa con la ciberinteligencia, pero encontraremos diferencias entre conceptos, terminologías y perspectiva. Así como, según el punto geográfico del que se trate, la ciberinteligencia de dicha zona habrá avanzado de una manera u otra.

Es por ello, que la armonización y coordinación son de las tareas más arduas en lo que a derecho y ciberinteligencia respecta. No obstante, afortunadamente y para tratar de paliar dicha cuestión, actualmente encontramos normas, leyes, tratados y marcos internacionales que han tratado de cubrir dicha necesidad de la manera más óptima y efectiva posible.

Empero, remontemonos a aquella época en la que fueron surgiendo las primeras leyes, que si bien no estaban directamente relacionadas con la materia, sirvieron de base para continuar construyendo los diversos sistemas legislativos que establecieron los marcos normativos antecesores de las leyes con las que podemos contar a día de hoy.

Franklin Delano Roosevelt

Nos trasladamos pues a 1934 cuando se creó la *Federal Communications Commission*[42] (Comisión Federal de Comunicaciones) de la mano del presidente de Estados Unidos de aquel momento, Franklin D. Roosevelt.

Creada como una comisión independiente del Gobierno de Estados Unidos y supervisada por el Congreso, era y es la institución encargada de adoptar y vigilar el cumplimiento de las leyes y regulaciones normativas sobre comunicaciones en los Estados Unidos.

La Comisión Federal de Comunicaciones, fue creada gracias a la Ley de Comunicaciones de 1934[43]. Dicha ley, al entrar a regular las comunicaciones y definir los primeros parámetros, sirvió de simiente para las siguientes leyes que se fueron sucediendo, conforme el contexto social y la industria fue evolucionando.

Posteriormente y con las subsiguientes enmiendas, aparecieron regulaciones correspondientes al ámbito tecnológico. En lo relativo a la Comisión Federal de Comunicaciones, en la actualidad regula las comunicaciones estatales e interestatales emitidas por satélite, cable, radio y televisión.

Otra de las primeras leyes la encontramos en el año 1956, en Estados Unidos.

---

42 Página web de la *Federal Communications Commission*: Comisión Federal de Comunicaciones (FCC, por sus siglas en inglés) | Los Estados Unidos de América

43 Ley de Comunicaciones de 1934, Estados Unidos. Creación de la *Federal Communications Commission*: 47 Código de los Estados Unidos § 151 - Propósitos del capítulo; Crean la Comisión Federal de Comunicaciones (FCC, por sus siglas en inglés) | Código de EE. UU. | Ley de EE. UU. | LII / Instituto de Información Jurídica (cornell.edu)

Hablamos de la "*Fraud by wire, radio, or television (18 U.S. Code § 1343)*[44]" en español "Fraude por cable, radio o televisión".

En la cual, uno de sus fragmentos reza:

> "Whoever, having devised or intending to devise any scheme or artifice to defraud, or for obtaining money or property by means of false or fraudulent pretenses, representations, or promises, transmits or causes to be transmitted by means of wire, radio, or television communication in interstate or foreign commerce, any writings, signs, signals, pictures, or sounds for the purpose of executing such scheme or artifice, shall be fined under this title or imprisoned not more than 20 years, or both."

Traducción:

> "Quien, habiendo ideado o intentado idear cualquier plan o artificio para defraudar, o para obtener dinero o bienes mediante pretensiones, representaciones o promesas falsas o fraudulentas, transmita o haga transmitir por medio de comunicación por cable, radio o televisión. en el comercio interestatal o exterior, cualquier escrito, letrero, señal, imagen o sonido con el propósito de ejecutar tal plan o artificio, será multado bajo este título o encarcelado por no más de 20 años, o ambas."

Si hacemos hincapié en la parte que especifica "*...medio de comunicación por cable, radio o televisión*" podremos observar que estamos ante un precedente que se siembra.

Abriendo paso a lo que posteriormente serán los medios electrónicos, ya que, con la referencia a "cable" si bien en ese momento, pudo aludir a transmisiones telefónicas, puede asimilarse por analogía con los sistemas de redes. Por lo que detectamos uno de los focos origen.

En 1968 apareció la "*Wiretap Ac – 18 U.S.C. §§ 2510-2522*[45]". Esta ley reguló la interceptación de comunicaciones. Ya fueran emitidas por cable, de manera oral o electrónicas. Prohibiendo su detección

---

44 *Fraud by wire, radio, or television (18 U.S. Code § 1343): 18 U.S. Code § 1343 - Fraud by wire, radio, or television | U.S. Code | US Law | LII / Legal Information Institute (cornell.edu)*

45 *Wiretap Act* de 1968*:* Título III de la Ley Ómnibus de Control de la Delincuencia y Calles Seguras de 1968 (Ley de Escuchas Telefónicas) | Oficina de Asistencia Judicial (ojp.gov)

no autorizada y sin consentimiento. Al mismo tiempo, actuó en una doble vertiente, pues dicha regulación aludió tanto a las agencias gubernamentales como al ámbito civil cubriendo tanto a personas físicas como jurídicas.

Pasados sólo unos años más, cobró vigencia la "*Privacy Act*[46]" en 1974, abriendo paso a una legislación que protegía la privacidad de la información. En ella se contempló la manera de recopilar los datos e informaciones, su almacenamiento en un amplio espectro, así como el tratamiento en cuanto a divulgación, que las agencias gubernamentales podían y debían hacer sobre las mismas.

Estableciéndose de esta manera, parte de los primeros parámetros en cuanto a seguridad y aspectos intrínsecos ligados a la ciberseguridad y por ende, a la ciberinteligencia, por lo que vemos como poco a poco (aunque no con poco trabajo) se fue delineando el sendero a seguir. Y ello, teniendo presente que únicamente nos encontramos en Estados Unidos y en un período temporal concreto. Por lo que huelga imaginar cómo fue desarrollándose en el resto de países.

Continuando en Estados Unidos, llegamos a 1986, donde apareció la "*Computer Fraud and Abuse Act*". Ley que mencionamos anteriormente cuando hablamos del caso de "*el gusano de morris*[47]". Gracias a esta Ley, comenzaron a protegerse los sistemas informáticos dependientes del Gobierno de los Estados Unidos e Instituciones financieras de accesos no autorizados. Posteriormente, fue actualizándose a través de enmiendas e incluyó sanciones civiles y penales, lo que labró el camino para que las personas jurídicas pudieran realizar demandas dentro de este ámbito. No deteniéndose ahí, pues continuó modificándose para adaptarse a las necesidades que iban surgiendo a raíz que la era digital fue haciendo acto de presencia.

Dando un salto geográfico, en 1988 esta vez en Australia, nació la "*Privacy Act*[48]", esta Ley fue aprobada por el Parlamento australiano

46 Privacy Atc de 1974: Descripción general de la Ley de Privacidad de 1974 (edición de 2015) (justice.gov)

47 Página nº 5

48 Acceso a la lectura de la "*Privacy Act*". Ley australiana de 1988: Privacy Act 1988 (legislation.gov.au)

en 1988, entrando en vigor en 1989. Dicha Ley en lo que respecta a protección de datos e informaciones personales, es la principal dentro del sistema legislativo australiano.

Regulando la recopilación, almacenamiento, difusión y demás aspectos relativos al tratamiento de las informaciones personales a nivel público y privado, la "*Privacy Act*" configuró los primeros criterios sobre seguridad estableciendo 11 principios. Siendo además, Ley de referencia que posteriormente y conforme el ciberespacio tomó protagonismo en el escenario, añadió modificaciones para adaptarse a los requerimientos de cada etapa, por lo que es un acercamiento a la ciberinteligencia y ulterior adaptación.

No obstante, años atrás Australia, al igual que Estados Unidos, promulgó la Ley de Telecomunicaciones de 1979 (interceptación y acceso)[49] regulando el acceso o interceptación de las telecomunicaciones, almacenamiento, conservación, entre otros. Además, asignó tareas de supervisión, orientación y cumplimiento respecto de las informaciones personales a las que tuvieran acceso las compañías de telecomunicaciones, empresas de servicios de transporte y cualquier actor que tuviera relación directa o indirecta con los datos personales.

En lo que respecta a comunicaciones electrónicas, en 1999 la legislación australiana amplió su repertorio legal, promulgando la "*Electronic Transactions Act*[50]" la función de esta ley consistió en dotar de validez las transacciones amparadas en la ley de la Commonwealth[51] que se llevaran a cabo a través de comunicaciones electrónicas. Por lo que se detecta otro precedente vinculado con la seguridad de las comunicaciones, aspecto del que también se encarga la ciberinteligencia.

---

49 Acceso a la lectura de la Ley de Telecomunicaciones (interceptación y acceso) de 1979 de Australia: Ley de Telecomunicaciones (Interceptación y Acceso) de 1979 (legislation.gov.au)

50 Acceso a la lectura de la "*Electronic Transactions Act*" australiana de 1999: Federal Register of Legislation - Australian Government

51 Por si es interés del lector, se facilita el siguiente enlace para conocer qué es la Commonwealth, así como su origen y actualidad, vía Geopol 21: ¿QUÉ ES LA COMMONWEALTH? ORIGEN Y PRESENTE - Geopol 21

La "*Electronic Transactions Act*" se vió modificada por sucesivas enmiendas y en 2020 se estableció el "*Electronic Transactions Regulations*[52]" que se trata de un reglamento que de igual manera, recoge modificaciones a fin de lograr unas normas actualizadas y que garanticen la seguridad de las transacciones electrónicas.

De hecho, su existencia se debe a las enmiendas a las que se sometió al reglamento previo del cual surgió, el cual llamado igualmente "*Electronic Transactions Regulations*" fue promulgado en 2020.

A continuación, viajaremos unos 15.150 kilómetros para aterrizar en Francia, país que en los años 70 incluyó en su marco legislativo la "*Loi n° 78-17 du 6 janvier 1978 relative à l'informatique, aux fichiers et aux libertés*[53]", que traducido al español significa "*Ley nº 78-79 de 6 de enero de 1978, relativa a la informática, los ficheros y las libertades.* La cual se conoce comúnmente por el nombre de " Ley de protección de datos de 1978".

La perspectiva de las autoridades gubernamentales y legislativas de la época, observaba a las actividades informáticas existentes hasta la fecha, como un riesgo para el normal desarrollo de su ciudadanía y sobre todo, para el efectivo ejercicio de las libertades públicas, de ahí que mediante la publicación de la Ley de Protección de Datos de 1978, se pretendiera regular dichas actividades informáticas y mitigar los posibles riesgos para la seguridad de los civiles[54].

En su artículo primero, se estableció:

> "...la información debe estar al servicio de cada ciudadano. Su desarrollo debe realizarse dentro del marco de la cooperación internacional. No debe lesionar la identidad humana, el derecho del hombre, la vida privada y las libertades individuales o públicas...".

52 Acceso a la lectura del "*Electronic Transactions Regulations 2020*" de Australia: REGLAMENTO DE TRANSACCIONES ELECTRÓNICAS 2020 (F2020L00956) EXPOSICIÓN DE MOTIVOS (austlii.edu.au)

53 Acceso a la lectura de la Ley relativa a la informática, archivos y libertades de 1978 de Francia: Loi n° 78-17 du 6 janvier 1978 relative à l'informatique, aux fichiers et aux libertés - Légifrance (legifrance.gouv.fr)

54 *Biblioteca Jurídica Virtual del Instituto de Investigaciones Jurídicas de la UNAM* 21.pdf (unam.mx)

Como puede apreciarse, en dichas líneas se encuentra el germen de lo que hoy conocemos como derecho a la información, el establecimiento de sistemas de cooperación internacional en pro de velar por la seguridad en el entorno digital y principio de prohibición de suplantación de identidad que se esconde en diversos tipos de ciberataque.

Además, el establecimiento de garantías y derechos mínimos para lo que hoy sería una navegación segura en la red. O lo que es lo mismo, otro conector y punto de evolución en lo que en materia de ciberseguridad y ciberinteligencia respecta.

A su vez, la Ley de Protección de Datos de 1978, instauró la creación del CNIL. Es decir, "Commission Nationale informatique et libertés[55]" en castellano "Comisión Nacional de informática y de las libertades".

CNIL.
COMMISSION NATIONALE
INFORMATIQUE & LIBERTÉS

La *Commission Nationale informatique & Libertés* se trata de una autoridad administrativa independiente, cuya función principal se centra en la regulación de datos de carácter personal.

Entre sus atribuciones, se encuentra la tarea de prestar un soporte efectivo en una doble vertiente, tanto a personas físicas como jurídicas, en lo concerniente al cumplimiento de las regulaciones normativas sobre protección de datos y además, ejercicio de derechos, conocimiento de deberes, así como establecimiento de garantías.

En la actualidad, también desempeña labores de anticipación e innovación en lo relativo al ámbito digital. Sin olvidar el establecimiento de un control y sistema de sanciones. Por lo que, la Comisión Nacional de Informática y de las Libertades, se trata de una de las instituciones más relevantes en la actualidad y que se ha tratado de un elemento indispensable en la labor de evolución y modificación para la inserción y expansión en territorio francés en materia de ciberinteligencia, directa e indirectamente.

---

55 Página web oficial de la CNIL: Particulier | CNIL

Con la intención de continuar con nuestro recorrido histórico a través de las distintas legislaciones que progresivamente se fueron adaptando, ante los primeros ápices del devenir tecnológico, acudimos esta vez a Canadá. Estado que, al igual que Francia, apreciaba con inquietud tanto la aparición como avance de los equipos informáticos y cómo éstos se iban convirtiendo en instrumentos a los que cada vez se les daba más protagonismo en el ámbito gubernamental. Dado que era innegable el gran beneficio que suponían en cuanto a la celeridad y volumen de trabajo que permitían abordar.

En concreto, ese desasosiego lo generaba la necesidad de proteger los datos de carácter personal de la población. Elemento que como estamos viendo, cubrió un amplio espectro internacional en la época. En el caso de Canadá se gestó a finales de los años 60, principio de los 70.

Por ello, en 1977 y con la intención de velar por la privacidad del sector público, reguló en la cuarta parte de su Ley de Derechos Humanos de Canadá lo que sería la "oficina del comisionado de protección de la vida privada". No obstante, consciente de que no era suficiente, en 1983 entró en vigor la Ley de Privacidad y la Ley de Acceso a la Información[56].

Canadá, se ayudó del ejemplo legislativo dado por aquellos países y comunidades internacionales que al igual que ella, se enfrentaban al desconocimiento suscitado por la gradual transición a la era digital, como por ejemplo, la Unión Europea. De ahí, que en 1999 publicara la *Ley de Protección de Datos Personales y Documentos Electrónicos*[57] cuya denominación original es *"Personal Information Protection and Electronic Documents Act"*. Aunque comúnmente suele utilizarse el acrónimo PIPEDA para referirse a ella.

La ley de Protección de Datos Personales y Documentos Electrónicos, configura un marco normativo para administrar la información

56 Acceso a la Ley de Acceso a la Información canadiense de 1983: Ley de Acceso a la Información (justice.gc.ca)

57 Acceso a la lectura de la Ley de Protección de Datos Personales y Documentos electrónicos de 1999 de Canadá: Personal Information Protection and Electronic Documents Act (justice.gc.ca)

de carácter personal en lo concerniente al sector privado. Su ámbito de aplicación se circunscribe a las instituciones y organizaciones que ejecuten tareas de índole comercial y precisen tratar los datos y las informaciones personales de los usuarios.

Mención hecha sobre la Unión Europea, cabe destacar que en su Tratado de Funcionamiento (TFUE[58]) el cual se adoptó en 1957 y entró en vigor un año después, en su artículo 16 ya estableció:

> "1. Toda persona tiene derecho a la protección de los datos de carácter personal que le conciernan[59]".

Además, el "*Convenio nº108 para la protección de las personas con respecto al tratamiento automatizado de datos de carácter personal, hecho en Estrasburgo el 28 de enero de 1981*[60]" del Consejo de Europa, se caracterizó por ser a nivel internacional de las primeras herramientas que vinculaba a los estados a él adscritos en materia de protección de datos.

Otros muchos países, también se lanzaron a redactar sus propias leyes sobre protección de datos personales y privacidad, como por ejemplo Israel, en el año 1981 con su *Ley de Protección de la Privacidad*. Su título original en hebreo es "קוח תנגה תויטרפה, משת»א[61]".

Las dos últimas menciones del período correspondiente entre los años 70 a 90, las efectuaremos en primer lugar, sobre Alemania. Y es

---

58 El Tratado de Funcionamiento de la Unión Europea, aprobado en 1957 (anteriormente conocido como Tratado de la Comunidad Europea), fue añadiendo modificaciones y reformas a su articulado, referentes a: adhesión de nuevos estados miembros, Acta Única Europea de 1987, Tratado de Maastricht de 1992, Tratado de Ámsterdam de 1997, Tratado de Niza de 2002 y Tratado de Lisboa de 2007.

59 Acceso a la lectura del articulado del Tratado de Funcionamiento de la Unión Europea: Versión consolidada del Tratado de Funcionamiento de la Unión Europea (boe.es)

60 Acceso a la lectura del Convenio nº 108 del Consejo de Europa de 1981: BOE-A-1985-23447 Convenio para la protección de las personas con respecto al tratamiento automatizado de datos de carácter personal, hecho en Estrasburgo el 28 de enero de 1981.

61 Acceso a la lectura de la Ley de Protección de la Privacidad de 1981 de Israel (disponible en inglés y hebreo): WIPO Lex, Israel, Ley de protección de privacidad, 5741-1981

que, en 1970 promulgó la Ley "*Datenschutz*[62]" sobre privacidad y protección de datos. Materia en la que continuó legislando, pues siete años más tarde, en 1977 el Parlamento Federal Alemán aprobó la Ley "*Bundesdatenschutzgesetz*[63]".

La finalidad que se pretendía con ambas, fue fijar la obligatoriedad de conceder una autorización previa antes de transmitir cualquier tipo de dato de carácter personal.

En último lugar y retrotrayéndonos a 1948 encontramos en la Declaración Universal de los Derechos Humanos, aprobada mediante la *resolución 217 A (III) del 10 de diciembre de 1948*[64]. Pues en su artículo 12 se recoge lo que fue el punto de partida para la protección de datos:

> "Art. 12: Nadie será objeto de injerencias arbitrarias en su vida privada, su familia, su domicilio o su correspondencia, ni de ataques a su honra o a su reputación. Toda persona tiene derecho a la protección de la ley contra tales injerencias o ataques."

Interpretando el artículo, de acuerdo con la finalidad que se persigue con las diferentes leyes expuestas y que versaban sobre protección de datos y privacidad, podemos contemplar el uso del sustantivo "injerencia", que según la definición ofrecida por la Real Academia Española, en su primera acepción, la define como:

> "Intromisión, actuación sin habilitación ni título en un negocio o competencia ajenos."

Por lo que, puede entenderse que se establece la protección frente al uso de la información personal a quien no se le haya habilitado previamente, es decir, autorizado. Y los términos "*vida privada, su familia, su domicilio o su correspondencia*" aluden a las informaciones y

---

62 Acceso a la lectura de la Ley *Datenschutz* de 1970: Gaceta de Derecho Federal Gaceta de Derecho Federal Archivo en línea 1949 - 2022 | Bundesanzeiger Verlag (bgbl.de)

63 Acceso a la lectura de la Ley *Bundesdatenschutzgesetz* de 1977: Gaceta de Derecho Federal Gaceta de Derecho Federal Archivo en línea 1949 - 2022 | Bundesanzeiger Verlag (bgbl.de)

64 Acceso a la lectura de la Declaración Universal de los Derechos Humanos de 1948: Documento1 (sanidad.gob.es)

datos de carácter personal. Además, en su parte final se establece el derecho a dicha protección, por lo que se genera una garantía.

De hecho, la última palabra del artículo alude a "atacar" un ataque, que puede ser en diversos planos, como el digital. Como son, los ciberataques. Es decir, que en su conjunto, es otro punto de origen para el desarrollo de lo que a día de hoy se conoce como ciberinteligencia y las bases que la configuran.

La década de los 2000

Abandonar los 90 y adentrarse en el año 2000 supuso un reto para muchos y un desconcierto por el nivel de incertidumbre para otros. Los últimos meses de 1999 de hecho, se caracterizaron por un titular que cobró relevancia mundial y no fue otro que el famoso "efecto 2000".

Obviando las profecías que reiteradamente saltan a la palestra con cada cambio de año anunciando el fin del mundo, el rumor de que sería inevitable un apagón a nivel mundial que colapsaría todos los equipos informáticos, corrió como la pólvora.

Sin embargo, lo negativo del exceso de información es que, necesita filtrado y sobre todo, que la misma provenga de fuentes fiables. Pues de lo contrario, se corre un alto riesgo de caer en la desinformación y no sólo dar credibilidad a información equivocada o manipulada, sino también difundirla.

En efecto, eso fue parte de lo que pasó con el "efecto 2000" pues si bien ese rumor no era del todo tal y como se fue transmitiendo, sí que se llevó una ardua tarea en lo que a equipos informáticos se refiere. Además, aunque finalmente quedó como una grave amenaza a nivel mundial, varios países sí que sufrieron consecuencias, en mayor o menor magnitud.

Y2K y el Efecto 2000

El contratiempo que desencadenó que a nivel mundial todos los estados activaran las alarmas, provenía de un factor simple, que no sencillo. No fue nada más y nada menos que la costumbre que tenían por aquel entonces los programadores de software de introducir las fechas en las configuraciones.

Ese método que empleaban para programar las fechas, generaba un error de software pues en vez de guardar en el sistema los años completos (es decir, con los cuatro dígitos. Por ejemplo: en vez de escribir 1995, introducían 95 únicamente) los registraban con los dos últimos (el 95 del ejemplo anterior).

Ese error era conocido en términos informáticos como Y2K, pues era el sistema empleado para programar las fechas. ¿Qué sucedió a pocos meses de entrar en el año 2000? Lo que pasó fue, que se detectó el error y se comprendió que lo que pasaría en los softwares al cambiar de año de 1999 al 2000, es que los programas interpretarían ese "00" correspondiente al año 2000 como 1900. Por lo que darían un salto al pasado de 100 años.

Por tanto, los softwares comenzarían a fallar y no se actualizarían con la nueva información. Que ese escenario se cumpliera, supondría un colapso debido a que por aquel entonces gracias a los avances tecnológicos (pues recordemos que ya se habían vivido los primeros ciberataques[65] y la ciberseguridad y la ciberinteligencia comenzaban a definirse), los gobiernos, instituciones, administraciones, hospitales, empresas, bancos, etc. habían automatizado gran parte de sus infraestructuras, incluyendo el almacenamiento de datos e informaciones en los distintos softwares destinados para tales fines.

La única solución para evitar lo que se vaticinaba como una catástrofe, consistía en actualizar los softwares, de manera que los equipos informáticos no colapsarían.

Es por ello, que los países que contaban con un mayor nivel de tecnología o se encontraban más informatizados en lo que a infraestructuras y servicios se trata, con la cuenta atrás marcando el fin del 1999 dieron el pistoletazo en la carrera de actualizar todos sus equipos.

---

65 Vid. Capítulo nº1 del manual. Pág 9 en adelante (ciberataque "*el gusano de morris*", "*Melissa*", "*ILoveYou...*)

Estados Unidos, invirtió más de 93 mil millones en las actualizaciones de los softwares y en el caso de España, el desembolso fue de 420 millones de euros:

ENTREVISTA: ERKII LIIKANEN - COMISARIO EUROPEO COORDINADOR DEL "EFECTO 2000"

"El gasto ha podido ser excesivo, pero es una inversión de futuro"

En este titular del 10 de enero de 2000 perteneciente al periódico El País[66] se recoge el testimonio recogido durante una entrevista realizada al Comisario Europeo Coordinador del "efecto 2000" *Erkii Liikanen,* donde hablaba sobre el gasto que se generó a la hora de actualizar todos los softwares de los equipos informáticos, así como la necesidad de tomar esa decisión.

Si bien pudo contenerse en gran medida el desastre, en cada punto del planeta se vivió de distinta manera, ya que, en ciertas zonas geográficas durante cortos periodos de tiempo, se produjeron incidentes que dejaron inoperativos diversos ordenadores, los cuales ejecutaban tareas administrativas u organizativas de diferentes administraciones e instituciones.

Semanas después y pese a haber superado la crisis, debido a la expectación que se creó con el "efecto 2000" y siendo el resultado mejor de lo esperado, aún habiéndose padecido consecuencias por el error informático, comenzó a extenderse la habladuría de que realmente el efecto 2000 no había sido nada más que una estrategia de marketing de las empresas tecnológicas de la época para vender más de sus productos y de los informáticos para lograr más trabajo.

Ello motivó que varios expertos en la materia comenzasen a aclarar los hechos, como fue Martyn Tomas, experto en ciberseguridad y profesor de Tecnología de la Información en Gresham College, en Londres. Quien a través del periódico "The Guardian" envió el siguiente mensaje:

---

66 Url de la noticia: "El gasto ha podido ser excesivo, pero es una inversión de futuro" | Sociedad | EL PAÍS (elpais.com)

(traducción al español)

"Por favor, no perpetúen la falsedad de que el bicho del milenio era un mito (Difícil de digerir, G2, 30 de agosto). El uso generalizado de los años de dos dígitos en los sistemas informáticos es una seria amenaza. Dirigí los equipos de Y2K para Deloitte Consulting a nivel internacional en la década de 1990 y aquellos de nosotros que pasamos años encontrando y solucionando con éxito muchos de los enormes problemas resentimos la implicación de que nuestro trabajo era innecesario o fraudulento. A pesar de todo el trabajo mundial (coordinado por un equipo especial de la ONU), se produjeron muchos fracasos, incluidos 15 cierres de reactores nucleares en todo el mundo. Los detalles y las referencias autorizadas de Gresham College se pueden encontrar en línea en tinyurl.com/zcd8tqd".

MARTYN THOMAS
Profesor de Informática, Gresham College, Londres[67]

Como cabría esperar, este acontecimiento de impacto mundial marcó un antes y un después, y no únicamente en el ámbito económico, pues abrió la veda al pensamiento anticipatorio en lo que a los equipos informáticos y las redes se refiere.

Criterio que si ya se comenzó a adquirir y fomentar en materia de seguridad y ciberataques, ayudó a tomar conciencia de la necesidad de generar unas programaciones de software enfocadas en el largo plazo, generación de protocolos que detectasen vulnerabilidades en los sistemas e infraestructuras críticas, así como la implantación de sistemas de auditorías informáticas. Elementos indispensables en el terreno de la ciberinteligencia.

Desarrollo legislativo en los 2000

Habiendo mencionado a las infraestructuras críticas, justamente sobre ellas se establecieron nuevos marcos normativos (entre otros aspectos de igual importancia) en Estados Unidos, en el año 2002. En concreto, se promulgó la *"Homeland Security Act of 2002[68]"*.

---

67 Url mensaje de Martyn Thomas: Debemos desmentir este mito milenario de los bichos | Cartas | El Guardián (theguardian.com)

68 Acceso a la lectura de la *Homeland Security Act of 2002* (en inglés): Homeland Security Act 2002, Public Law 107-296 (dhs.gov)

Traducida al español, la "*Ley de Seguridad Nacional de 2002*" de Estados Unidos supuso un gran cambio e instauración de mejoras. Debido a que gracias a dicha ley, se creó el Departamento de Seguridad Nacional el 25 de noviembre de 2002[69]. De tal manera que se unificaron 22 departamentos y agencias federales, cada cual con distintas misiones y encomiendas, en un sólo departamento.

Entre ellos, el Servicio de Inteligencia, es decir, la CIA (*Central Intelligence Agency*) estableciéndose de igual modo en su articulado, que los agentes y personal adscrito deberán respetar las metodologías aplicadas al ciclo de Inteligencia, proteger sus fuentes y así como, ser metódicos en cuanto al tratamiento de los datos e informaciones, de carácter sensible y/o reservado, incluyendo el deber de velar por los intereses y seguridad del estado.

Ahora bien, esta variación no se introdujo de manera arbitraria o desde la mera perspectiva de insertar una actualización legislativa e institucional. La respuesta ante tal transformación la encontramos en el 2001, en concreto en el 11 de septiembre, fecha mundialmente conocida. Pues fue el día en el que se produjo el atentado que cambió la historia de los Estados Unidos[70].

A nivel gubernamental, se llegó a la conclusión de que de haberse cooperado de manera efectiva entre las distintas agencias y sobre todo, si la CIA hubiera hubiera logrado coordinarse mejor, existía una alta probabilidad de que el atentado no hubiera llegado a perpetrarse o al menos, se hubiera detectado a tiempo.

Por lo que, a raíz de estos fallos detectados se procedió a una unificación de las distintas instituciones. Además, se aumentó la exigen-

---

69 Acceso a la página web oficial del Departamento de Seguridad Nacional de Estados Unidos: Home | Homeland Security (dhs.gov)

70 Instituto Relaciones Internacionales. Documento DEF, especial 20 años del 11 S: actividadKreibohmRevistaREF.pdf (iri.edu.ar)

cia y el nivel de profesionalidad en materia de Inteligencia. Incluida como no, la ciberinteligencia.

Pues lo que se pretendía era establecer y extender un alto nivel de seguridad, instaurar un sistema efectivo contra el terrorismo y blindar en la medida de lo posible a todas aquellas infraestructuras críticas, entre otros objetivos

De hecho, de entre todas las agencias que conforman el conglomerado operativo y de soporte para el Departamento de Seguridad Nacional, encontramos por ejemplo, la Agencia de Ciberseguridad y Seguridad de las Infraestructuras[71].

Cuya misión principal es velar por mantener unos niveles óptimos de ciberseguridad en el contexto federal y coordinar la seguridad de las infraestructuras críticas de la nación. En la misma línea, se encuentra la Oficina de Inteligencia y Análisis[72], donde a parte de prestar soporte a las demás agencias que componen el Departamento de Seguridad Nacional de los Estados Unidos en el ámbito de operaciones, también sirve a nivel estatal, local y privado en la detección, localización, mitigación y respuesta temprana ante amenazas.

Otro actor importante es el HSI, cuyas siglas se corresponde a "*Homeland Security Investigations*[73]" que traducido al español quiere decir *Investigaciones de Seguridad Nacional* y se trata de un servicio de apoyo encuadrado dentro del ICE[74]. Tratándose el ICE del "*United States Immigration and Customs Enforcement*[75]" o lo que es lo mismo, el Servicio de Control de Inmigración y Aduanas de los Estados Unidos.

---

71 Acceso a la página web oficial de la Agencia de Ciberseguridad y Seguridad de las Infraestructuras: Página de inicio | CISA

72 Información sobre la Oficina de Inteligencia y Análisis del Departamento de Seguridad Nacional de los Estados Unidos: Oficina de Inteligencia y Análisis | Seguridad Nacional (dhs.gov)

73 Información sobre la Homeland Security Investigations del ICE; Investigaciones de Seguridad Nacional | HIELO (ice.gov)

74 Página web oficial del ICE: ICE | Servicio de Inmigración y Control de Aduanas de Estados Unidos

75 El ICE fue el resultado de la fusión de Aduanas con el INS (Servicio de Inmigración y Naturalización) y el Servicio de control de Inmigración y Aduanas en 2003.

El HSI se compone de distintas divisiones, entre ellas, la Oficina de Inteligencia y el Departamento de Tecnología Cibernética y Operativa, el cual opera realizando investigaciones sobre actividades delictivas transfronterizas, al mismo tiempo que realiza una labor cooperativa, compartiendo información obtenida como resultado de las investigaciones.

Encontrándose al mismo tiempo entre las divisiones del HSI el Centro de Delitos Cibernéticos[76]. Por lo que el papel de la ciberinteligencia en este terreno no sólo es imperativo, sino que se trata de la base de su funcionamiento para la consecución de los objetivos marcados.

El Centro de Delitos Cibernéticos, tiene asignados varios cometidos como por ejemplo, el sostenimiento un rol proactivo y en constante actualización en relación con las tecnologías, desarrollo informático y evolución del ciberespacio. Incluyendo, dentro de estos parámetros, la lucha contra la ciberdelincuencia y detección de riesgos y vulnerabilidades.

Asimismo, entre sus actividades se encuentra la labor de difundir a las demás oficinas, departamentos y organizaciones todas aquellas informaciones, datos, investigaciones y estudios sobre las materias que tiene atribuidas, por lo que adquiere un papel de centro de "formación" de manera directa e indirecta. Al mismo tiempo, que ejecuta mecanismos de soporte para quien se lo solicite.

Continuando con aquellos marcos legislativos que supusieron un avance en materia de ciberinteligencia y ciberseguridad en la etapa de los años 2000, encontramos la "*Cyber Security Enhancement Act of 2002*[77]". También conocida como "Ley de Mejora de la Seguridad Cibernética". Con esta ley se emitió una orden a la Comisión de Sentencias para que ejerciera una labor de revisión y modificación sobre las normas y políticas que eran de aplicación a las condenas impuestas a aquellas personas que cometieron acciones tipificadas

---

76 Acceso al apartado web del Centro de delitos cibernéticos dentro del HSI: Centro de Delitos Cibernéticos de HSI | HIELO (ice.gov)

77 Acceso a la publicación original que anunció la "*Cyber Security Enhancement Act of 2002*": *uscode.house.gov/statviewer.htm?volume=116&page=2156*

como delitos contra la seguridad informática. Del mismo modo, esta ley supuso un endurecimiento de las penas previstas para los delitos de esta categoría.

En 2002 y con el propósito de mantener un alto estándar en cuanto a la seguridad nacional en materia de terrorismo, debido a lo acaecido el 11 de septiembre del año anterior, durante el mandato en la presidencia del gobierno de los Estados Unidos de *George W. Bush,* se promulgó la "*USA Patriot Act: Preserving Life and Liberty*[78]".

Department of Justice

The Department of Justice's first priority is to prevent future terrorist attacks. Since its passage following the September 11, 2001 attacks, the Patriot Act has played a key part - and often the leading role - in a number of successful operations to protect innocent Americans from the deadly plans of terrorists dedicated to destroying America and our way of life. While the results have been important, in passing the Patriot Act, Congress provided for only modest, incremental changes in the law. Congress simply took existing legal principles and retrofitted them to preserve the lives and liberty of the American people from the challenges posed by a global terrorist network.

The USA PATRIOT Act: Preserving Life and Liberty

(Uniting and Strengthening America by Providing Appropriate Tools Required to Intercept and Obstruct Terrorism)

La promulgación de la Ley Patriota de los Estados Unidos, sembró un precedente en cuanto a la capacidad y alcance del gobierno estadounidense para obtener información tanto de personas físicas como de personas jurídicas. Ya que, se trató de una ley que imponía como deber la entrega de datos e informaciones al gobierno, con celeridad y sin necesidad de ningún proceso tedioso.

Todo ello, bajo la premisa de velar por los intereses y seguridad del Estado en su lucha contra el terrorismo. Por lo que se trató de

---

78 Acceso a la lectura en versión original de la "*USA Patriot Act 2002*": The USA PATRIOT Act: Preserving Life and Liberty (justice.gov)

una nueva norma que fue aplaudida por muchos y criticada por quienes la consideraron una intromisión a la privacidad.

Posteriormente, el contenido de la *USA Patriot Act* fue revisado y ampliado. Pues se consideró que debía ampliar sus horizontes legislativos e incluir en su articulado los ciberdelitos, ciberataques y todas aquellas conductas tendentes a crear una amenaza en el ciberespacio.

Progresivamente, y de manera acertada, se fue tomando conciencia de que tanto esa relativamente jóven tipología de delitos, así como los avances tecnológicos, habían llegado para quedarse. El sector industrial, empresarial y financiero se encontraban inmersos en una etapa ya iniciada de cambio y transfiriéndose en gran medida al ciberespacio para desarrollar sus actividades.

Pues el trasladarse al mundo cibernético, permitía una optimización de recursos en todos los sentidos. Alcanzar un mayor volumen de trabajo en un lapso temporal menor, velocidad de ejecución y transmisión. Así como, poner fin a las limitaciones del terreno físico, como es la distancia.

Así que, se publicó la "*E-Government Act of 2002*[79]", sobre la cual el Presidente *George W. Bush* publicó el siguiente comunicado:

> Hoy promulgué la ley H.R. 2458, la "E-Government Act of 2002" (Ley de Gobierno Electrónico del 2002). Esta ley se basa en la creciente iniciativa de mi administración sobre el gobierno electrónico al garantizar el liderazgo acertado de las actividades de la tecnología de la información de las agencias federales, un marco integral de estándares y programas para la seguridad de la información, y protecciones estándares para proteger la confidencialidad de la información proporcionada por el público con el fin de compilar estadísticas.
>
> La ley también contribuirá a extender el uso del Internet y los recursos de computación para prestar servicios gubernamentales, conforme a los principios de reformas que delineé el 10 de julio de 2002 a favor de un gobierno que se centra en los ciudadanos, tiene como objetivo el obtener resultados y está basado en el mercado.

---

79 Acceso a la lectura de la E-Government Act (versión en inglés): PLAW-107publ347.pdf (govinfo.gov)

El Título II de esta ley autoriza a las agencias a otorgar contratos de participación en los ahorros, con los cuales los contratistas participan en lo que las agencias logran ahorrar al proporcionar la tecnología necesaria para mejorar o acelerar su trabajo. El poder ejecutivo garantizará, conforme a las leyes que se apliquen, que estos contratos sean ejecutados según la política fiscal adecuada y limitan las dispensas al financiamiento de gastos potenciales de resolución a las circunstancias apropiadas, de manera que se minimice el riesgo económico del gobierno.

El Título III de esta ley es la Federal Information Security Management Act of 2002 (Ley Federal de Administración de la Seguridad de la Información). Es muy similar al título X de la Homeland Security Act of 2002, (Ley de Protección del Territorio Nacional), la cual también se denomina la Federal Information Security Management (Ley Federal de Administración de la Seguridad de la Información), la cual promulgué el 25 de noviembre de 2002.

Estoy firmando la E-Government Act tras la promulgación de la Homeland Security Act, y no existe ningún indicio que el Congreso tenía la intención de que la E- Government Act dispusiera cláusulas interinas que se aplicarán solamente hasta que la Homeland Security Act entrará en vigencia.

Por lo tanto, a pesar de las fechas de vigencia que se aplican a la Homeland Security Act, el poder ejecutivo interpretará que la E-Government Act reemplaza permanentemente a la Homeland Security Act en aquellos casos en que ambas leyes dictan enmiendas distintas a las mismas disposiciones del United States Code (Código de los Estados Unidos).

Finalmente, el poder ejecutivo interpretará e implementará la ley conforme a la autoridad constitucional del Presidente de supervisar al poder ejecutivo unitario y proteger la información confidencial sobre la seguridad nacional, el cumplimiento de la ley y las relaciones exteriores.

Particularmente, el poder ejecutivo, conforme a mi autoridad constitucional y el artículo 301(c) de esta ley, interpretará la ley de manera que mantenga la autoridad del Secretario de Defensa, el director de Inteligencia Central y otros directores de agencias en cuanto a la operación, la supervisión y administración de los sistemas nacionales de seguridad[80].

GEORGE W. BUSH
THE WHITE HOUSE,
17 de diciembre de 2002.

A medida que aumentaba la capacidad del ciberespacio, para albergar en un terreno intangible a diversos grupos de actores (gobiernos, instituciones, administraciones, agencias, empresas, civiles...), proliferaban las amenazas y los riesgos. Tanto civiles como estados

80 Comunicado vía: El Presidente Promulga Ley sobre el Gobierno Electrónico (archives.gov)

o multinacionales se convertían en el objetivo de ciberdelincuentes y/o bandas organizadas.

Además, no era el único frente abierto, pues había que prestar atención a los activistas informáticos que fueron emergiendo y sobre todo, mantener una actividad de supervisión constante sobre los equipos informáticos, redes, softwares e infraestructuras críticas.

A tenor de esta exposición de motivos, en 2009 se creó la USCYBERCOM, es decir, el Comando Cibernético de los Estados Unidos[81], el cual era un comando dependiente del USSTRATCOM, el Comando Estratégico de los Estados Unidos. Y en la actualidad, es el Comando por excelencia encargado de la defensa de los Estados Unidos en el ciberespacio.

El Comando Cibernético, se encuentra compuesto por:

1. Comando Cibernético del ejército (*US Army Cyber Command*)[82]
2. Comando Cibernético de la décima flota *(U.S. Fleet Cyber Command)*[83]
3. Fuerzas aéreas cibernéticas o Decimosexta Fuerza Aérea (*Sixteenth Air Force*)[84]
4. Comando del Ciberespacio de las fuerzas del Cuerpo de Marines *(U.S. Marine Corps Forces Cyberespace Command*)[85]
5. Fuerza de Misión Nacional Cibernética (*Cyber National Mission Force - CNMF*)[86]

---

81 Página web oficial del Comando Cibernético de los Estados Unidos: Inicio USCYBERCOM

82 Sitio web oficial del Comando Cibernético del ejército:
Operate, Defend, Attack, Influence, Inform | U.S. Army Cyber Command

83 Sitio web oficial del Comando Cibernético de la décima flota:
U.S. Fleet Cyber Command / Commander, U.S. 10th Fleet (navy.mil)

84 Sitio web oficial de la Decimosexta fuerza aérea:
Sixteenth Air Force (Air Forces Cyber) > Home (af.mil)

85 Sitio web oficial del Comando del Ciberespacio de las Fuerzas del Cuerpo de Marines:
People, Ideas, Things… In That Order (marines.mil)

86 Sitio web oficial de la Fuerza de Misión Nacional Cibernética: CNMF (cybercom.mil)

6. Cuartel General de la Fuerza Conjunta (*Joint Force Headquarters - Department of Defense Information Network*)[87]

Adicionalmente, el Comando Cibernético de los Estados Unidos, desempeña una labor activa de cara al sector privado. Colaborando y prestando soporte a pequeñas, medianas y grandes empresas. Incluyendo la figura del "defensor de la pequeña empresa".

Por último, otra de sus competencias consiste en el establecimiento de alianzas, ya sea de cara al sector público o sector privado, para el intercambio de datos e informaciones que se consideren necesarios y pertinentes, de manera que pueda mantenerse y velar por la seguridad cibernética. Por lo que se hace patente la presencia de la ciberinteligencia y en este contexto, llevada a su máximo exponente y en continua evolución.

Durante el mandato de Barack Obama, en 2013 y ante la necesidad de responder al continuo aumento de incidentes y amenazas crecientes en el ciberespacio, se introdujo la *Orden Ejecutiva 13636 del 12 de febrero de 2013*[88]. La finalidad de la Orden ejecutiva era generar un Marco de Ciberseguridad, sobre el cual se pudiera establecer una protección real y efectiva a las diversas infraestructuras críticas de los Estados Unidos.

El desarrollo del Marco de Ciberseguridad fue una tarea que se encomendó al Instituto Nacional de Estándares y Tecnología, cuyo nombre original en inglés es "*National Institute of Standard and Technology*" más conocido comúnmente por la comunidad internacional por su acrónimo NIST[89]. Se trata de uno de los institutos más longevos de los Estados Unidos, el cual fue fundado en 1901.

---

87 Sitio web oficial del Cuartel General de la Fuerza Conjunta: JFHQ-DODIN Home

88 Acceso a la lectura de la Orden Ejecutiva 13636 de 12 de febrero de 2013: Executive Order – Improving Critical Infrastructure Cybersecurity | whitehouse.gov (archives.gov)

89 Página web oficial del NIST: National Institute of Standards and Technology (nist.gov)

La labor del NIST, en primer lugar fue recopilar datos e informaciones, todas ellas provenientes de agencias gubernamentales, industrias, academias y demás sectores, por lo que la colaboración y cooperación entre todos los actores involucrados se trató de un elemento esencial. Pues a raíz de recopilar toda la información, era menester identificar los parámetros de seguridad que fueran aplicables a todas las infraestructuras críticas, estableciendo un sistema de priorización, alto rendimiento y rentabilidad económica.

En 2015 se aprobó la "*Cybersecurity Information Sharing Act*[90]". Conocida también como CISA. En español "Ley de Intercambio de Información de Ciberseguridad". La CISA, si bien estuvo intentando salir adelante desde 2014, no fue hasta un año después cuando logró ser aprobada y posteriormente promulgada.

La pretensión perseguida con la instauración de la Ley de Intercambio de Información de Ciberseguridad, fue establecer un marco normativo que promoviera una actitud de colaboración por parte de las empresas, para que éstas compartieran información de carácter personal con el sistema gubernamental con la finalidad de establecer unos protocolos más exigentes ante las amenazas emergentes en el ciberespacio.

No obstante, hemos de tener presente que si realizamos una búsqueda en internet con el criterio de "CISA" refiriéndonos a los Estados Unidos, lo que encontraremos a priori no será la ley que acabamos de mencionar, pues existe otra "CISA". Es por ello, que a continuación hablaremos sobre ella.

Pues se trata de la "*Cybersecurity & Infrastructure Security Agency*[91]" (Agencia de Seguridad de Infraestructura y Ciberseguridad). Una agencia que vió la luz durante el mandato presidencial de *Donald Trump*, quien firmó un proyecto de ley, el cual proponía la creación de dicha agencia en noviembre de 2018.

---

90 Acceso a la lectura de la *Cybersecurity information Sharing Act* de 2015: Cybersecurity Information Sharing Act of 2015 (cisa.gov)

91 Página oficial de la CISA (Agencia de Seguridad de Infraestructura y Ciberseguridad): Página de inicio | CISA

La Agencia de Seguridad de Infraestructura y Ciberseguridad se encuadra dentro del Departamento de Seguridad Nacional. Y pese a existir desde 2007, gracias a la ley CISA, amplió sus atribuciones. De hecho, esta agencia es la garante de la seguridad cibernética e infraestructuras a nivel gubernamental.

Asimismo, la agencia se compone de seis divisiones cada cual con una misión asignada dentro de las competencias asignadas a la agencia y tres oficinas que sirven como órgano de apoyo tanto a la agencia como a las diferentes divisiones de manera operativa, en concepto de personal y presupuesto. De manera que la agencia pueda "autoabastecerse" a nivel interno sin precisar acudir constantemente a medios externos para cuestiones básicas.

- Divisiones de la CISA:

División de Ciberseguridad
División de Seguridad de la Infraestructura
División de Comunicaciones de Emergencia
Centro Nacional de Gestión de Riesgos
División de Operaciones Integradas
División de Participación de las Partes Interesadas

- Oficinas que sirven de apoyo a la CISA y las divisiones:

Oficina del Director de Capital Humano
Oficina del Oficial Principal de Apoyo a las Operaciones
Oficina de Equidad, Diversidad, Inclusión y Accesibilidad

Una vez realizado el recorrido por la evolución normativa de Estados Unidos relacionada, tanto directa como indirectamente, con la ciberinteligencia durante los primeros años de la década de los 2000, nos transportaremos a continuación al sistema legislativo de Reino Unido en esta ocasión.

De los primeros referentes con los que encontramos es la *Computer Misuse Act*[92] de 1990, conocida en español como "Ley de Uso Indebido de las Computadoras de 1990" cuya línea inicial establece *"An Act to make provision for securing computer material against unauthorised access or modification; and for connected purposes".*

Traducción: *"Una ley para prever la protección del material informático contra el acceso o modificación no autorizados; y para fines relacionados"*

Computer Misuse Act 1990

1990 CHAPTER 18

An Act to make provision for securing computer material against unauthorised access or modification; and for connected purposes.

[29th June 1990]

Y es que, pese a que fue promulgada diez años antes de dar el salto a los 2000, se trata de la ley principal en materia de penalización de accesos no autorizados a equipos informáticos, así como a los datos e informaciones. Incluyendo en su articulado tipificación específica de conductas/acciones que ocasionen daños, destrucción o menoscabo en los sistemas y dispositivos informáticos.

Se trata de una ley que ha estado en constante revisión y reforma para mantenerla lo más actualizada posible, de manera que, permitiera su empleo al sistema judicial a la hora en enjuiciar y así motivar las sentencias empleando una argumentación coherente y de acuerdo a los hechos tipificados. Pues de esta forma, ningún acto delictivo o casi ninguno, queda impune.

92 Acceso a la lectura de la Computer Misuse Act de Reino Unido de 1990 (versión original en inglés): Computer Misuse Act 1990 (legislation.gov.uk)

De hecho, en 2023 se abrió un período de dos meses para recibir informaciones, solicitudes y propuestas para realizar una nueva revisión sobre la *Computer Misuse Act* y así poder abordar una nueva reforma, en base a los nuevos criterios recibidos cuyo parámetro debía estar centrado sobre el fondo y esencia de la Ley de Uso Indebido de las Computadoras.

En los 2000 una nueva norma entró a formar parte del marco legislativo de Reino Unido, la "*Regulation of Investigatory Powers Act 2000*[93]". La ley que se conoce en su versión acortada como "RIP o RIPA" y en español como " Ley de Regulación de los Poderes de Investigación", se insertó con la pretensión de regular aquellas actividades de investigación donde la vigilancia estuviera presente.

No obstante, no debe interpretarse por su finalidad que se orientaba únicamente hacia las Fuerzas y Cuerpos de Seguridad del Estado, en este caso, *Scotland Yard*, que se trata de la policía metropolitana de Londres. Pues se extendía hacia todas aquellas instituciones y agencias gubernamentales entre cuyas atribuciones se encontrase la investigación y vigilancia.

Un claro ejemplo de ello, lo encontramos en su Servicio de Inteligencia, el MI5[94/95]. Aunque también cubría a las agencias e instituciones con labor de inspección e investigación sobre actividades de fraude financiero, actos delictivos a nivel administrativo, gobiernos locales, etc.

En lo concerniente a la estructura de la "*Regulation of investigatory Powers Act 2000*" la norma distribuyó su articulado entre dos secciones. El capítulo I, bajo la rúbrica de "Communications[96]" (art. 1-art.

---

93 Acceso a la lectura de la Regulation of Investigatory Powers Act del año 2000 de Reino Unido (versión en inglés): Regulation of Investigatory Powers Act 2000 (legislation.gov.uk)

94 Reino Unido cuenta con el MI5 y el MI6. Ambas pertenecientes al Servicio de Inteligencia del País. Sin embargo, cuentan con distintas funciones y misiones. El MI5 lleva a cabo actividades de Inteligencia y contraespionaje en territorio nacional, mientras que el MI6 desarrolla su actividad enfocada dentro de los mismos parámetros, pero en el ámbito internacional.

95 Página web oficial del MI5: Home | MI5 - The Security Service

96 Traducción: de las comunicaciones.

20) versa sobre la interceptación encauzada hacia las comunicaciones privadas de un lado, y de otro los datos. El capítulo II de la norma, titulado *"Surveillance and covert human intelligence sources*[97]*"* (art. 21-art. 83) regula los tipos de vigilancia[98] haciendo referencia a las fuentes humanas.

> En el área de la Inteligencia, se distinguen distintas técnicas de obtención de información, en concreto esta ley hace alusión a la técnica denominada en el sector como "Humint" o lo que es lo mismo, obtención de información a través de fuentes humanas.
>
> En la actualidad, continúa siendo una metodología muy empleada por los agentes de las diversas agencias de Inteligencia, así como profesionales de dicho campo.
>
> Sin embargo, incluso esta técnica se ha adaptado al ciberespacio, generando una variante de la misma la cual se conoce como "virtualhumint". esta versión actualizada del "humint" igualmente obtiene información de fuentes humanas, pero siendo el entorno las redes sociales, foros, páginas web, etc.

Posteriormente, la ley fue evolucionando adaptándose al desarrollo tecnológico, industrial y social, propiciado por el crecimiento progresivo del ciberespacio. El cual fue tomando protagonismo en el día a día de las naciones, manteniendo la esencia de la vigilancia, interceptación de comunicaciones y alcance por parte de las distintas agencias e instituciones, por lo que fue insertándose la ciberinteligencia dentro de este contexto.

Por otro lado, se encuentra la ley parlamentaria "*Communications Act*[99]" promulgada en 2003. La cual traducida al español recibe la denominación de "Ley de Comunicaciones", se trató de una ley que derogó a la Ley de Telecomunicaciones de Reino Unido de 1984 y si bien, se encargó de regular diversos aspectos relacionados con las comunicaciones de relevante envergadura, en nuestro caso destacaremos algunos elementos esenciales de interés, de acuerdo a la temática de la presente recopilación.

---

97 Traducción: de la vigilancia y fuentes encubiertas de inteligencia humana.

98 Vigilancia intrusiva y vigilancia dirigida.

99 Acceso a la lectura de la Communications Act de 2003 de Reino Unido (versión en inglés): Communications Act 2003 (legislation.gov.uk)

Pues uno de los cometidos de dicha ley, consistió en establecer una regulación sobre las comunicaciones por correo electrónico. Además, incluyó un articulado específico sobre las conexiones Wi-Fi. De hecho, tipificó como delito que una persona se conectara a la red Wi-Fi de otra sin su consentimiento, siempre y cuando esta primera, no pagase por el servicio. Es decir, que le robara la conexión a internet.

Por lo que en este sentido, esta práctica ilegal podría entrar dentro del marco normativo de la ley que vimos con anterioridad, dado que conectarse a una red Wi-Fi cuyo propietario es un tercero y adicionalmente, hacerlo sin su consentimiento (ni tácito, ni expreso) se trata de un acceso no autorizado a sistemas.

En cuanto a las comunicaciones por correo electrónico, sancionó todas aquellas que se realizasen con la intención o desde la premisa de acosar, vejar, injuriar, incitar al odio, al racismo y similares. Hecho, que posteriormente se extendió ampliando su rango de aplicación para no ceñirse únicamente a los correos electrónicos, llegando por ende a las publicaciones y post en redes sociales.

Modificación que, como cabría esperar, ha exaltado y no en pocas ocasiones a los usuarios de las distintas redes sociales. Dado que, existen casos pertenecientes a los últimos años donde se han impuesto condenas (así como, absuelto en otros casos) al amparo de la Ley de Comunicaciones.

Uno de esos casos, fue el de *Mark Meechan,* un youtuber de Reino Unido que subió a sus redes un vídeo del perro de su novia, donde mostraba al animal "realizando" el saludo nazi. Video que amasó más de tres millones de visitas en YouTube. Lógicamente el can fue entrenado previamente por *Mark,* y pese a que el creador de contenidos declaró que únicamente se trataba de una broma para "hacer la gracia", pues él no era racista y ni mucho menos pretendía incitar al odio, ni a su público ni a nadie que pudiera llegar a visionar el vídeo de youtube, finalmente fue condenado a pagar una multa de 800 libras esterlinas.

Este caso, suscitó varias protestas, pues había quienes también lo consideraron una ofensa y estuvieron de acuerdo con la imposición de la pena de acuerdo a la Ley de Comunicaciones y hubo otros, que consideraron que se trataba de una coacción o limitación a su derecho de libertad de expresión[100].

Pese a dicho panorama, donde incluso los medios de comunicación emitían juicios de valor y opiniones diversas, desde Reino Unido se continuó implementando mejoras para asegurar un nivel de seguridad eficaz a todos los niveles de la nación. Es por ello, que desde 2011 dio comienzo la Estrategia Nacional de Ciberseguridad, hecho que supuso en sus inicios una de las mayores inversiones que los estados habían hecho hasta la fecha en un proyecto de esta índole.

Siendo tal inversión de un capital de mil novecientos millones de euros, acaparaba un marco de acción de amplio espectro en lo que a Ciberseguridad respecta (infraestructuras, políticas organizativas, normativa, tecnologías, etc) al tratarse de un plan de cinco años, la segunda Estrategia Nacional de Ciberseguridad lanzada en el año 2016[101] duplicó la inversión. Sus tres pilares eran la defensa, disuasión y desarrollo, además de la promoción y mantenimiento de relaciones internacionales basadas en la cooperación y colaboración.

Además, dentro del programa diseñado para la Estrategia Nacional de Ciberseguridad, se contempla también la presencia del NCSC[102]. Que se trata del "*National Cyber Security Center*", institución que se creó en el 2016 y fue el resultado de la unión del CESG *("National Technical Authority for Information Assurance")* con el CERT de Reino Unido, el NPSA (antiguo Centro para la Protección de la Infraestructura Nacional) y el Centro de Evaluación Cibernética.

El *National Cyber Security Center*, colabora activamente con las agencias, instituciones y diversos departamentos de defensa, así como otras administraciones gubernativas. Extendiendo su labor y funciones fuera del ámbito institucional, pues también se encuentra opera-

---

100 Noticia del caso de *Mark Meechan*, vía BBC: Man fined for hate crime after filming pug's 'Nazi salutes' - BBC News

101 Acceso a la lectura de la Estrategia Nacional de Ciberseguridad de Reino Unido, correspondiente al año 2016: SPA (publishing.service.gov.uk)

102 Página web oficial del NCSC: National Cyber Security Centre - NCSC.GOV.UK

tiva para el sector público, ya se trate de pequeñas, medianas y grandes empresas o civiles que requieran de su soporte o labor formativa.

Por último, respecto de Reino Unido, no debe obviarse su retirada como estado miembro de la Unión Europea a finales del año 2020 (*Brexit*). Hecho que abrió un período de transición tras la firma del Acuerdo de Retirada[103]. Reino Unido pasó a tener consideración dentro de la UE como tercer estado, lo que supone que los derechos, garantías y obligaciones que en un pasado contrajo como estado miembro dejarían de surtir efecto.

En este sentido, el panorama de la ciberinteligencia de la nación también se vió afectado, Dado que, al establecerse un cambio entre las relaciones con los demás estados miembros y las mismas instituciones de la UE, el marco de cooperación y colaboración en el sector de la inteligencia y la ciberinteligencia hubo de adaptarse.

Hasta el momento, hemos visto ejemplos de países que se caracterizan por buscar un avance constante, intentar establecer un marco común de cooperación e instaurar parámetros y protocolos de defensa, gestión del riesgo y mitigación de daños, entre otros, ante cualquier factor que pueda alterar la seguridad de sus naciones a nivel cibernético.

Sin embargo, si vislumbramos el panorama internacional, no todos los países han presentado esa actitud desde que apareció internet y con él se fue desarrollando progresivamente la hiperconexión que conocemos hoy día. Dado que algunos actores lo consideraron una oportunidad y otros una completa amenaza.

Sea cual fuere la perspectiva adoptada, que el ciberespacio era una realidad intangible que no desaparecería y que cada vez iría ocupando más esferas de la vida cotidiana de civiles, empresas y gobiernos era una realidad innegable. Y el cómo convivir con la misma, era el punto que marcaría la diferencia dentro de esa evolución.

---

103 Acceso a la web de la Comisión Europea para la visualización del Acuerdo de Retirada firmado entre la Unión Europea y Reino Unido: Acuerdo de Retirada entre la Unión Europea y el Reino Unido (europa.eu)

Como hemos visto hasta ahora, casi todos los países aceptaron esa nueva realidad, estableciendo ciertos límites y garantías, reguladas en sus sistemas legislativos. Dentro de esos límites, en lo que se refiere el acceso a las redes de sus ciudadanos, si bien es un aspecto relevante y tratado con el máximo rigor por motivo de velar por la privacidad y seguridad de éstos, además, de salvaguardar los interese nacionales, en ningún momento se estableció un nivel tal de restricción que colisionase con los derechos fundamentales de los civiles.

Hecho que según se contemple y analice, si que sucede en el país del que hablaremos a continuación, que no se trata nada más y nada menos que de China, una de las mayores potencias tecnológicas del siglo XXI y competidora directa de Estados Unidos por ser la primera de ellas.

De hecho, no en pocas ocasiones China ha saltado a la palestra y sido objeto de varias críticas por diversos motivos, como por ejemplo sus actividades de ciberespionaje, la verdadera finalidad de su capacidad tecnológica, el alto nivel de censura impuesto a sus civiles en el ámbito cibernético y así como, el uso de inteligencias artificiales para desarrollar trabajos en lugar de personas, actividad que dudosamente en otros países se daría. Es por ello, que iremos viendo estos aspectos por el interés que suscita y su relación con la ciberinteligencia en cuanto a su evolución.

No obstante, en primer lugar daremos un repaso a su legislación, pues incluso ese aspecto ha sido motivo de controversias en el contexto internacional. En 1996 se publicó el "Reglamento Provisional sobre la Gestión de la red Internacional de Informática de la Información[104]" y en diciembre de 1997 la gran mayoría de medios de comunicación hablaban sobre la ley que cobraba vigencia en China.

Tratándose de una norma aprobada por el Consejo de Estado y promulgada por el Ministro de Seguridad, *Zhu Entao,* constaba de cinco epígrafes en los cuales se regularon las tareas, deberes y atribu-

---

104 Acceso a la lectura del Reglamento Provisional sobre la Gestión de la red Internacional de Informática de la información de China de 1996: WIPO Lex

ciones asignadas a la Oficina de Seguridad Pública para que ejerciera su labor inspectora respecto del uso de los equipos informáticos.

Asimismo, dicha ley estableció una serie de obligaciones en una doble vertiente. Pues de un lado, aludía al comportamiento y deberes correspondientes a las empresas de telecomunicaciones que brindasen servicios y conexión a la red. Y de otro lado, no se olvidó a los usuarios, pues en dicha ley también se les especificó una serie de obligaciones ligadas a las conductas prohibidas.

En este sentido, como "usuario" se matizó su alcance, dado que no se contempló únicamente a los nacionales chinos, sino que el término era de aplicación también a aquellas personas extranjeras que hicieran uso de internet desde el país. No obstante, la ley presentaba bastante ambigüedad, debido al amplio margen de interpretación que generaba la terminología empleada en su articulado. Además, no recogía como tal las sanciones que se impondrían ante los incumplimientos de las normas fijadas.

Tal aspecto fue observado por los actores ajenos a China, más que como un fallo o descuido a la hora de elaborar la norma, como una estrategia bien planteada. Pues ante semejante abanico interpretativo, se generaba un amplio margen para poder asimilar conductas a las descritas en los artículos y por tanto, punibles. Y ello, al amparo del argumento de velar por la seguridad e integridad de la nación.

Un año más tarde, en 1998 China dio a conocer su "*Proyecto Escudo Dorado*" el cual consistía en la implementación a nivel nacional de un gran cortafuegos o *firewall*[105] aunque no fue hasta 2008 cuando comenzó a ser funcional en su totalidad. El Gran Cortafuegos chino, en base a la fusión del desarrollo tecnológico y las leyes del país aplicó restricciones al uso de internet para todos los ciudadanos chinos y empresas, lo que afectó de igual manera a cualquier persona que se encontrase en el país. Es decir, turistas o extranjeros residentes.

---

105 Definición de *Firewall* vía *Kaspersky*: "*...sistema de seguridad de red de las computadoras que restringe el tráfico de Internet entrante, saliente o dentro de una red privada.Este software o esta unidad de hardware y software dedicados funciona bloqueando o permitiendo los paquetes de datos de forma selectiva...*" *¿Qué es un firewall? Funcionamiento de los firewalls y tipos de firewalls (kaspersky.com)*

Ahora bien, si nos cuestionamos cuál es el alcance de tales restricciones, lo primero que tenemos que imaginarnos es una gran pantalla que sirve para bloquear el tráfico de internet. O como bien se nombró en su fase de proyecto un "escudo". Ese bloqueo afecta al acceso a las webs, plataformas, redes sociales y aplicaciones, todo el ciberespacio en su esencia.

Ante lo cual, la propia nación generó sus propias redes sociales y aplicaciones para que los usuarios del estado hiciesen uso de ellas, lo que se traduce en un doble beneficio para el país. Dado que, en primer lugar, genera tráfico económico y en segundo, obtiene un mayor alcance y control sobre las actividades de los civiles en dichas redes. En resumen, censura.

Empero, como bien dice el refrán "Quien hizo la ley, hizo la trampa". En este caso la "trampa" o maneras de saltarse el cortafuegos, viene por parte de los ciudadanos o residentes de China, pues las peripecias informáticas disponibles para lograrlo son posibles, como por ejemplo empleando una *VPN*[106], *Tor*[107], *proxys* de código abierto[108] o programas anticensura.

Sin embargo, el Gran Cortafuegos se mantiene bajo actualizaciones constante por lo que se trata de una ardua tarea el encontrar una vulnerabilidad que permita saltárselo. Es de hecho, en este aspecto labor de la ciberinteligencia detectar de manera anticipada dichos métodos y corregir cualquier tipo de fuga. En este contexto, la amenaza no sólo son los ciberataques, sino las conductas de los ciudadanos.

---

106 Definición VPN vía *Panda Security*: "*…es una tecnología que permite a los usuarios enviar y recibir datos a través de redes compartidas o públicas como si sus equipos informáticos estuvieran conectados directamente a la red privada…" VPN: Definición y usos - Panda Security*

107 Definición Tor vía *Avast*: "*..The Onion Router, es una red que anonimiza el tráfico web para proporcionar una navegación web totalmente privada…"¿Qué es Tor?, ¿es seguro?, ¿cómo funciona? | Avast*

108 Definición de proxy de código abierto vía Phoenix Nap: "*…es un apoderado server accesible al público en general sin ningún tipo de normas de seguridad o reglas de conexión…lo que permite a los usuarios enmascarar sus Dirección IP de una web pública server"¿Qué es un proxy abierto? | phoenixNAP Glosario de TI*

En el siguiente esquema elaborado por *Citizen Lab*[109] en el año 2017 podemos ver cómo se despliega el Gran Cortafuegos chino en *Weibo*[110]la versión china de la red social *Twitter* (ahora renombrada como "X") en los comentarios publicados por sus usuarios:

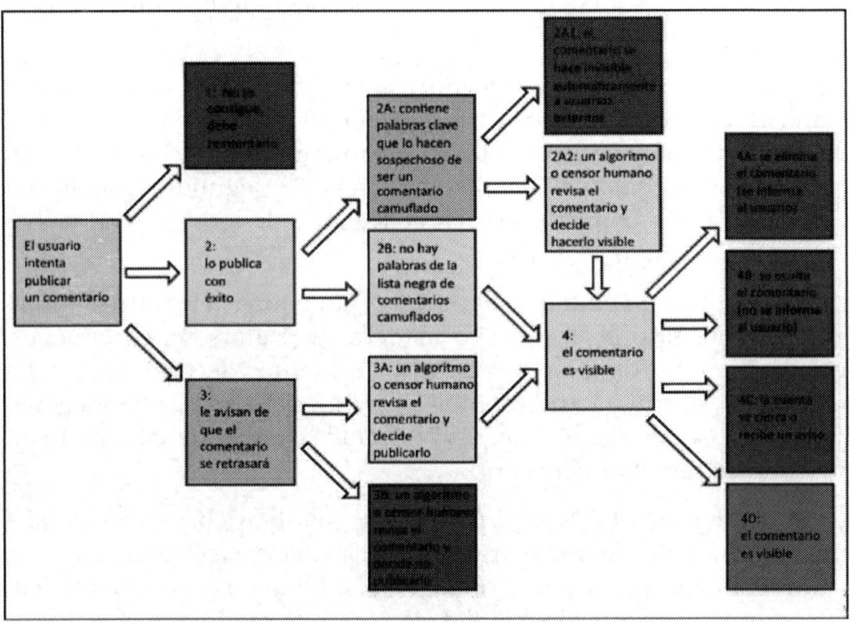

Fuente: Globalvoices.es (Evolución del Gran Cortafuegos chino: 21 años de censura · Global Voices en Español)

El papel de la ciberinteligencia en este escenario es fundamental, pues como podemos observar existen diversos filtros, cada cual programado en base a unos parámetros lingüísticos entre otros factores, que si son detectados, el cortafuegos actúa y genera el bloqueo.

---

109 Página web oficial de *Citizen Lab*: Plataforma de participación ciudadana: Software en línea | CitizenLab

110 Página web oficial de *Weibo*: 微博 (weibo.cn)

La ciberinteligencia pues, haría en primer lugar la labor no sólo de obtención y detección de patrones, sino también la de análisis y posterior estrategia para continuar implementando mejoras. Lo que supone una mayor implacabilidad del firewall.

Tengamos presente, que los avances continúan, por lo que China continuará implementando actualizaciones para mantener un nivel de bloqueo efectivo, por lo que es menester mantenerse al tanto de las noticias que provengan de medios oficiales y/o profesionales sobre ciberseguridad y ciberinteligencia para conocer más al respecto.

Sobre la regulación china en materia de seguridad en el ciberespacio, encontramos la "Decisión sobre el mantenimiento de la Seguridad en Internet" del año 2000.

Título original "关于 维护 互联网 安全 的 决定[111]".

全国人民代表大会常务委员会
关于维护互联网安全的决定
(2000年12月28日第九届全国人民代表大会
常务委员会第十九次会议通过)

Fragmento publicación original de la *Decisión sobre el Mantenimiento de la Seguridad en Internet* de China en los 2000.

Esta decisión de alcance nacional, emitida por el Comité del Parlamento de la Asamblea Popular de China en el año 2000, hacía referencia a aspectos sobre ciberseguridad.

Más concretamente, delimitaba aquellos actos que serían tipificados dentro de su regulación penal (derecho criminal) como ilícitos. Primeramente localizamos el acceso no autorizado a redes, sistemas

---

111 Acceso a la lectura de la *Decisión sobre el Mantenimiento de Seguridad en Internet* de China, año 2000 (versión traducida al español): Decisión del Comité Permanente de la Asamblea Popular Nacional sobre la Salvaguardia de Internet Security__State Gaceta del Consejo Nº 2001 del sitio web 5_Chinese Gobierno (www.gov.cn)

y equipos informáticos, es decir, el *hackeo*. Cubriendo igualmente, la provocación de daños o destrucción de los sistemas informáticos causada por esta misma intrusión no autorizada o sin consentimiento previo.

El segundo factor determinante sobre el que se hizo hincapié fue en aquellas actividades desarrolladas en el ciberespacio o mediante el uso de cualquier equipo y/o dispositivo informático, que produjera cualquier tipo de alteración contra la unidad de la nación, el orden público, el normal funcionamiento de las administraciones e instituciones del gobierno. Incluyendo actividades de espionaje (ciberespionaje en este contexto) o robo de información estatal de carácter secreto o sensible, lo que podría poner en jaque la seguridad nacional y atentar contra la salvaguarda del estado.

Además, se prohibió expresamente mediante el marco de esta decisión, la participación en actividades de culto y difusión de cualquier tipo de publicación directamente o indirectamente relacionada con dichas actividades a través de internet. Lo que cubre, redes sociales, medios de comunicación, foros, páginas webs, etc.

La realización efectiva de tales conductas, supone la comisión de un delito. Pues impone el requerimiento de solicitar previamente una autorización al gobierno, quien se reserva el derecho de concederla o denegarla. La inserción de dicho requisito de autorización estatal previa fue regulada en 2022. Lo que se consideró desde el punto de vista de varios actores del espectro internacional, como una restricción desmesurada al derecho de libertad religiosa.

En 2016 publicó su Ley de Ciberseguridad, la cual cobró vigencia en 2017. La ley se distribuyó en siete capítulos que albergaban un total de setenta y nueve artículos. Internacionalmente por parte de varios países como por ejemplo, Estados Unidos, recibió el calificativo de "ambiciosa" por el número de aspectos que recopiló. Además, nuevamente destacó por la ambigüedad de su terminología y carencia de concreción.

El contenido versó sobre los protocolos de seguridad en internet, mecanismos de protección y mitigación frente a amenazas cibernéticas, sistemas de detección y respuesta temprana, servicios protección de datos e informaciones de carácter personal, incluyendo la información clasificada y/o sensible, etc. Cubriendo también el escenario de las empresas.

Hecho que provocó respuestas de las empresas extranjeras que operaban en China o se encontraban en fase de expansión con miras a operar en un futuro cercano. Y todo ello, por el nivel de los requerimientos y exigencias, las cuales distaban mucho en cuanto a las normas de países terceros.

Asimismo, otro aspecto que nuevamente saltó a la palestra fueron los derechos humanos, elemento recurrente en lo que respecta a la legislación china. Pues se consideró que la Ley de Ciberseguridad, sumada a las ya existentes, suponía una coacción y limitación desmesurada de los mismos.

El derecho a la libertad de expresión, derecho a la libertad religiosa y el desarrollo al desarrollo de la personalidad fueron y son los más reclamados, aunque no los únicos. Sin embargo, la problemática de las libertades digitales es un asunto que a día de hoy continúa generando controversia. Ya que, el control que China ejerce a través del ciberespacio sobre su población y cualquier persona que se encuentre en territorio nacional puede considerarse excesivo.

Tanto es así, que en la actualidad encontrándose dentro del estado, intentar conectarse a una red externa al mismo, puede convertirse en toda una odisea y de conseguirlo se trata de una hazaña sólo al alcance de los más versados en tecnología. Sin obviar, que para navegar dentro de sus fronteras, es preciso cumplir con los estrictos requisitos y estándares o de lo contrario, puede existir riesgo de sanción.

Todo ello, nos puede llevar a la acertada conclusión de que, para lograr establecer tales parámetros es requerimiento indispensable poseer un nivel en Ciberinteligencia más que sobresaliente, lo cual es cierto. Y no sólo en este ámbito, pues otra área donde hace gala de ello es en materia de ciberespionaje. Tanto el efectuado a nivel gubernamental como el desarrollado por los grupos de *hackers* y organizaciones de cibercriminales chinos.

En diversas ocasiones, los medios de comunicación convencionales y los alojados en el ciberespacio, han publicado noticias sobre ello. En ocasiones, los objetivos han sido grandes multinacionales y en otras, países. Como por ejemplo, Estados Unidos.

En este fragmento de la noticia publicada el día 19 de mayo de 2014 por el medio digital 20 minutos cuyo titular fue "*EE UU presenta cargos de espionaje industrial contra cinco militares del Ejército chino*", podemos apreciar lo expuesto:

> "El Departamento de Justicia de Estados Unidos presentó este lunes cargos de espionaje industrial a gran escala contra cinco militares chinos, informó este lunes el Gobierno estadounidense. Los acusados pertenecen al Ejército de Liberación Popular Chino y están acusados de haber robado secretos comerciales e industriales por un valor que podría superar los 100.000 millones de dólares.
> El fiscal general de Estados Unidos, Eric Holder, espera dar detalles del procesamiento por la vía penal, incluidas qué compañías fueron las afectadas.En un caso separado, añade el New York Times, el Departamento de Justicia anunciará los cargos contra varios individuos que han usado un programa de intrusión cibernética llamado Blackshades, que permite controlar un ordenador a distancia.
> Las autoridades estadounidenses ya han acusado al Ejército Popular chino y a piratas informáticos que actúan desde China de ataques a industrias y a las Fuerzas Armadas de Estados Unidos y del robo de secretos y materiales protegidos por la legislación de propiedad intelectual"[112].

En cuanto a modelos de evolución y no sólo en el contexto normativo, sino también tecnológico y gubernamental sobre ciberinteligencia, son varios a los que podríamos hacer mención para finalizar el presente capítulo. No obstante, haremos referencia a un país que en los últimos tiempos se ha encontrado en el candelero global, además de, por su contexto bélico actual, por la calificación de amenaza que se ha ganado a criterio de la comunidad internacional, hablamos pues de Rusia.

País cuyo recorrido normativo en cuanto a ciberinteligencia vió la luz antes de la entrada en la década de los 2000. No obstante, bajo una premisa algo distinta al resto de países. Recordemos que en materia de Inteligencia y contrainteligencia, la Unión Soviética sentó

---

112 Lectura completa del artículo vía 20minutos: EE UU presenta cargos de espionaje industrial contra cinco militares del Ejército chino (20minutos.es).

precedentes y la KGB, su servicio de Inteligencia y policía secreta, por aquel entonces ya tenía atribuidas unas extensas capacidades en cuanto a actividades de investigación y vigilancia, otorgadas por su sistema legislativo.

Y si bien, la Rusia de Putin ha evolucionado, no ha olvidado esa herencia normativa, sino que la aprovechó y continuó reformándola de manera que le permitiera adaptarla a cada ámbito del ciberespacio y no dejar ningún cabo suelto en cuanto a la capacidad del gobierno para ejercer su soberanía también en el ciberespacio.

Trayendo del mismo modo a sus servicios de Inteligencia a la era digital, dotándolos de unas capacidades para ejercer sus funciones, que en comparación con los servicios de Inteligencia de otros países del contexto internacional, podría parecer que no en pocas ocasiones la línea entre la normativa y la ilegalidad, se dibuja algo difusa.

No obstante, pese a compartir similitudes en cuanto a marco regulador e implementación del mismo a lo largo de los años, como por ejemplo, ley de protección de datos e informaciones, leyes sobre protección de infraestructuras críticas, ley de telecomunicaciones y medios electrónicos, normativa relativa a internet, ciberseguridad e incluso establecimiento de estrategias nacionales sobre ciberseguridad, Rusia lo ha hecho conservando su esencia.

En lo concerniente a ciberinteligencia, es reseñable el empleo de la misma para llevar a otro nivel la actividad del Kremlin en cuanto a control y vigilancia en el ciberespacio, extendido de igual modo a las instituciones y administraciones gubernamentales para las actividades y servicios que se desarrollen dentro del territorio nacional, por parte de civiles y empresas.

Hecho, que como sucedió en el caso anterior con China, ha sido objeto de una cantidad ingente de críticas. Adicionalmente, en el área de la vigilancia y contrainteligencia, sobre Rusia también han pesado un sin fin de acusaciones por parte de gobiernos extranjeros. motivada por denuncias públicas en las cuales se exponía que tanto agentes pertenecientes a los servicios de inteligencia del gobierno de Putin, como grupo de *hackers* dirigidos por él, podrían haber efectuado sobre dichos países acciones de espionaje, para recopilar información de carácter sensible y/o reservado. Y de igual modo, ganar ventaja estratégica al verse favorecido por estos factores.

La relación directa entre la ciberinteligencia rusa y la vigilancia, así como la evolución de la misma, la encontramos en 1995 cuandos se implementó el *Systema Operativno-Rozysknikh Meropriyatiy* (Система Оперативно-Розыскных Мероприятий) que traducido al español viene a ser "Sistema de actividades operativas de investigación" y es mayormente conocido por sus siglas SORM.

El SORM se trata de un sistema conjunto, integrado por hardware y software, programado en base a unos mecanismos y lenguajes informáticos que permite realizar tareas de seguimiento, observación y vigilancia. Y por ende, control. El SORM como tal, ha vivido tres generaciones, es decir, actualizaciones. Aumentando su capacidad de alcance y modificando sus fines, de acuerdo a las necesidades de la época. Pero siempre, en beneficio del estado para que éste pudiera continuar su labor de investigación e inspección sobre todo el territorio de la nación. Comprendiendo en este sentido el sustantivo "territorio" como población civil, empresas, etc.

Como hemos adelantado, el SORM ha sido objeto de dos actualizaciones. Pues cuando se insertó en 1995, siendo entonces la versión original o lo que es lo mismo SORM-1, apoyándose en la de por aquel entonces ley de comunicaciones, el ámbito de operaciones del sistema circunscribía su funcionamiento a redes telefónicas, móviles, radiocomunicaciones y redes inalámbricas.

Lo que implicó que se impusiera a las empresas de telecomunicaciones el deber de implementar dicha tecnología sobre sus equipos, para ejecutarla a la hora desarrollar sus servicios. Aclarando, además, el deber de brindar acceso al gobierno a la información interceptada cuando éste lo considerase necesario u oportuno. Lo que supone, que según la perspectiva con la que se considere adecuado analizar tal conducta llevada a cabo por parte del gobierno ruso, se aprecie como un intento de mantener un rigor en lo concerniente a la seguridad nacional, al mismo tiempo que un alto nivel de salvaguarda del estado. O bien, una completa intromisión y violanción de los derechos fundamentales de los ciudadanos e impedimento para un libre desarrollo de las empresas de telecomunicaciones.

Las otras dos generaciones que sucedieron al SORM originario, es decir, SORM-2 y SORM-3 se desarrollaron, así como fueron objeto de constantes actualizaciones, desde los últimos años de los noventa, hasta sobrepasados los 2010. Ha de tenerse presente tres criterios respecto de esto último:

1. *Desarrollo tecnológico, expansión de las conexiones y crecimiento de la presencia del ciberespacio y con él las ciberamenazas.*

   La aparición de nuevos dispositivos y equipos tecnológicos, trajo consigo programaciones más complejas. Las cuales también aumentaron la dificultad para establecer las conexiones de las redes entre sí y por ende, la transmisión de datos e informaciones. A su vez, el alcance de las redes aumentó a un volumen y ritmo para el cual el SORM-1 no estaba preparado.

   En este sentido, Rusia sabía bien que no era el único jugador presente en este tablero del ciberespacio. Por lo que, el que podría resultar ganador o ejecutar un papel más dominante, sería quien conociese bien las reglas del juego. Concepto que derivado a este contexto, vendría a ser aquel país que mejor de desenvolviera a nivel cibernético, controlando tanto el tráfico interno, como interceptando el externo, en búsqueda y detección de amenazas procedentes tanto de ciberdelincuentes y grupos de cibercriminales organizados como otros estados que intentasen realizar ciberespionaje.

2. *Requerimientos de reforma legislativa.*

   Dotar a las subsiguientes versiones del SORM de nuevas atribuciones que permitieran continuar ejecutando un nivel óptimo de vigilancia a aquellas instituciones, administraciones y servicio de inteligencia del gobierno ruso precisaban de una base legislativa para justificar una legitimación.

   De ahí, que comenzase a realizar reformas normativas abarcando el ámbito civil, penal, telecomunicaciones, infraestructuras críticas, leyes antiterrorismo, etc. Anexando novedades legislativas, sin que supusiera un agravio notable a los derechos mínimos reconocidos a nivel nacional y ante los cuales Rusia se encontrase adscrita en términos internacionales. De lo contrario, muy probablemente supondría un menoscabo en sus relaciones internacionales y acuerdos previamente concertados.

3. *Retos a la hora de implementar actualizaciones al sistema, que suplieran las carencias del momento y cubriesen a largo plazo las necesidades del marco de actuación.*

   Cada implementación de mejora y actualización del sistema SORM se traducía en un nuevo desafío para el Kremlin. En primer lugar, porque necesitaba personal capacitado para el desarrollo tecnológico a integrar en el sistema e incluso llegando a tener la necesidad de subcontratar, tanto a nivel estratégico, como operativo. En este sentido también la ciberinteligencia era indispensable. Y además, en varias ocasiones era menester contar con dispositivos y materiales para ello. Los cuales Rusia como tal no fabricaba o el coste de su producción suponía más coste que beneficio, ergo era indispensable conseguirlo a través de empresas tecnológicas extranjeras.

   La inversión de capital era ingente, pero más que justificada para lograr hacer del SORM y sus versiones posteriores el "arma" de monitorización por excelencia del gobierno ruso. Escuchas telefónicas, móviles, monitorización y seguimiento de tráfico y actividad web, interceptación y desencriptado de mensajes, control sobre redes sociales y uso de aplicaciones.

Y ésto, se trata sólo de una leve pincelada sobre la historia y capacidad del SORM, ya que de introducirnos pormenorizadamente en este sistema de vigilancia, daría para escribir un manual completo. Por lo que se anima al lector a investigar sobre el tema si es de su interés[113]. Eso sí, manteniendo un razonamiento crítico y consultando diversas fuentes fiables, pues recordemos que no todo lo que encontremos en internet, debe dársele el tratamiento de veraz y certero.

---

113 En el libro "*The red web*" de *Irina Borogan* y *Andrei Soldatov*, se trata más a fondo esta temática y otros muchos aspectos de Rusia y su historia en lo que a internet respecta.

Como hemos ido viendo a lo largo del presente epígrafe, la ciberinteligencia puede ser una herramienta utilizada por los estados como un instrumento de protección y detección de amenazas o un arma de vigilancia y espionaje encubierto, entre otros. Todo depende de quién sea el que la dirija. Es por ello, que no sólo se empleó por parte de Rusia dentro del sistema SORM, pues como mencionamos anteriormente se fue integrando novedades normativas en lo que al ciberespacio respecta, lo que supuso otra vía de control y restricción para los ciudadanos y medios de comunicación. En sí, para todos aquellos que intentasen salirse del área de supervisión estatal en el ámbito cibernético.

Leyes que amparándose en el argumento de velar contra las acciones terroristas, obligaban a ejercer retención de datos. Normativa que comenzó imponer el registro de los usuarios para realizar cualquier tipo de actividad y o comentario online, pues de no hacerlo, era bajo apercibimiento de imponer la respectiva sanción.

Regulaciones que prohíben la publicación de cualquier contenido no aceptado previamente por el gobierno bajo sus criterios morales, así como vetar cualquier tipo de comentario que pudiera dirigir una crítica hacia el Kremlin, son sólo algunos aspectos destacables de entre las muchas modificaciones que adaptó el sistema legislativo ante la era digital.

Sin olvidar, la *Runet* el sistema de internet exclusivamente ruso que podría blindar por completo al país de injerencias externas. Y al mismo tiempo, impediría que desde el interior del territorio se pudiera acceder a las conexiones extranjeras. Mecanismo que si bien, en el presente aún no se ha ejecutado, no debe menospreciarse de cara al futuro. Pues Putin, ha comunicado en varias ocasiones que no le temblará la mano si ha de implantar oficial y efectivamente la *Runet* para toda Rusia. De hecho, ya se han realizado simulacros:

Titular del medio de comunicación online "El Español" cuya fecha se corresponde al 7 de julio de 2023:

El internet de Putin sigue avanzando: Rusia prueba con éxito desconectarse por completo del mundo

Durante la madrugada del miércoles al jueves, las autoridades rusas han probado a desconectar al país de la red de Internet global.

Fuente: Url del artículo propiedad del medio de comunicación online "El Español" El internet de Putin sigue avanzando: Rusia prueba con éxito desconectarse por completo del mundo (elespanol.com)

Capítulo 3

Estudio de caso: el marco jurídico español

Las primeras presentaciones entre España y la Ciberinteligencia, tuvieron lugar en el ámbito militar, como en la gran mayoría del resto de países. Fue a raíz del paulatino desarrollo tecnológico y con él, el avance en materia de internet, cuando esta relación se fue forjando y la Ciberinteligencia poco a poco, ocupó más aspectos de la evolución del territorio español y por ende, en su sistema legislativo.

En el año 1984[114] en España comienzan a desarrollarse los primeros proyectos relacionados con internet, dentro del ámbito universitario en colaboración con la Organización Europea para la Investigación Nuclear, también conocida por su acrónimo CERN[115]. Fue en ese contexto donde se creó el proyecto *IRIS*[116] cuatro años después, en el 1988 el cual sirvió para comenzar a conectar destinos equipos informáticos y continuó desarrollándose hasta 1993.

Sin embargo, en 1986 se consideró que era momento de sacar dicha red de interconexión fuera del ámbito académico, de manera que más personas pudieran acceder a ella. Por lo que, Telefónica[117] comercializó *IBERTEX.*

IBERTEX era la versión española de un sistema previo, conocido como VIDEOTEX[118]. Esta versión española, permitió a los usuarios

---

114 Cronología constitucional de España en el año 1984 para comprender el contexto de la época: Cronología constitucional: Año 1984 - Constitución española (congreso.es)

115 Página web oficial del CERN: Home | CERN

116 Breve historia sobre el proyecto IRIS, desde la web oficial del Ministerio de Ciencia e Innovación del Gobierno de España: RedIRIS - Historia

117 Telefónica: multinacional española líder en el sector de telecomunicaciones.

118 Resumen sobre VIDEOTEX, vía Xataka: Videotex, así era el internet antes de internet que trató de revolucionar las telecomunicaciones (xataka.com)

nacionales conectarse al internet de aquella época. Pero no fue hasta pasado el año 1990 cuando la expansión de internet abarcó más territorio.

De hecho, en 1993 surgió el primer servidor web español, aunque según las fuentes no puede saberse de manera certera cuál fue el primero como tal, ya que los registros no ofrecen unos datos que se puedan contrastar pormenorizadamente. Sea como fuere, España ya estaba conectada, lo que abrió la veda a un nuevo universo ofrecido por los avances tecnológicos y al mismo tiempo, una oleada de necesidades surgieron, como la regulación normativa y actualización legislativa ante los cambios acaecidos y los que estarían por aparecer.

En la actualidad, en casi todo el entramado legislativo que conforma el sistema jurídico español, podemos detectar directa o indirectamente la presencia de la ciberinteligencia y la ciberseguridad. Un ejemplo de ello, lo encontramos en el *Código de Derecho de la Ciberseguridad*[119], el cual nació en 2016 y desde entonces no ha dejado de ser actualizado para adaptarse de la manera más eficaz posible a las necesidades que han ido apareciendo en el panorama español, así como internacional.

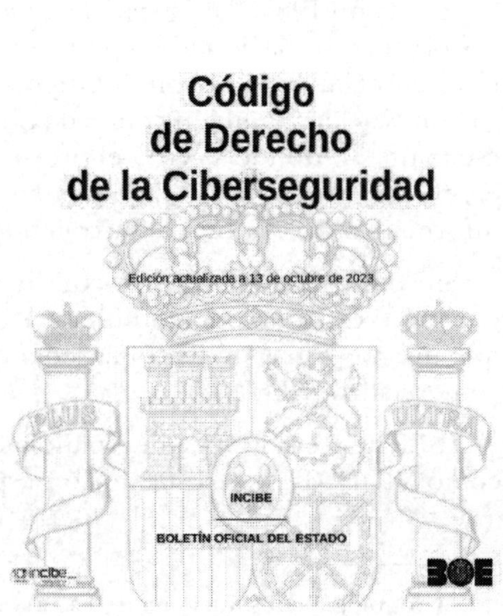

119 Acceso a la versión digital completa del *Código de Derecho de la Ciberseguridad*. Versión actualizada a octubre de 2023: BOE.es - Código de Derecho de la Ciberseguridad

Dicha codificación se trata de una ardua tarea legislativa de compilación de todas las normas y regulaciones, totales o parciales sobre ciberseguridad, que se han ido incorporando a cada rama del derecho español, donde se contempla también el ámbito de la ciberinteligencia.

Tarea en la que participó de manera activa el Instituto Nacional de Ciberseguridad, es decir, INCIBE. El cual se trata de un organismo dependiente de la Secretaría de Estado de Digitalización e Inteligencia Artificial[120]. Las materias que contempla son:

- Constitución Española.
- Normativa de Seguridad Nacional.
- Infraestructuras Críticas.
- Normativa de Seguridad.
- Equipo de respuesta a incidentes de seguridad.
- Telecomunicaciones y Usuarios.
- Ciberdelincuencia.
- Protección de datos.
- Relaciones con la Administración.

Dentro de cada apartado correspondiente a las materias mencionadas, se concentran diversas leyes, normas y regulaciones, lo que de tal manera logra configurar un código de 1281 páginas, lo cual facilita la tarea no sólo de los profesionales del ámbito jurídico, sino de los civiles y empresas que deseen mantenerse informados sobre las novedades legislativas de la nación en el ámbito de la ciberseguridad.

Asimismo, la promulgación del Código de Derecho de Ciberseguridad, encuentra su razón de ser no sólo en el ánimo de proveer de una fuente concentrada de legislación en la materia, también se debe a la necesidad de hacer de España, un estado protegido en el

---

[120] Página web oficial de la Secretaría de Estado de Digitalización e Inteligencia Artificial: Ministerio de Asuntos Económicos y Transformación Digital - Digitalización e Inteligencia Artificial - Telecomunicaciones e Infraestructuras Digitales (mineco.gob.es)

ciberespacio, de manera que pueda ofrecer a sus instituciones, administraciones, ciudadanos y empresas, un entorno seguro dentro de sus redes. Reduciendo al mínimo los riesgos y mitigando al máximo las vulnerabilidades. Todo ello con la pretensión de crear conciencia sobre los peligros del ciberespacio, mediante una acción constante de concienciación y capacitación.

Ello se debe a que dicha necesidad se presenta ante una amenaza real y por ende, riesgo constante, pues el estado español encabezó durante el primer semestre de 2023, los rankings mundiales sobre países que más cantidad de ciberataques recibía. Concretamente, era el tercer país. Siendo los dos primeros Estados Unidos y Rusia[121].

De hecho, se trata de una problemática recurrente, que pese a los esfuerzos invertidos en concepto de ciberseguridad y ciberinteligencia, implementando capacidad estratégica, táctica y operativa, sistemas e infraestructuras de alto nivel, redoblando la labor del sector de Inteligencia y contando con personal altamente cualificado, parece no dejar lugar al descanso en este aspecto.

Ya que, si echamos un vistazo al año 2022, los resultados obtenidos en relación con el número de incidentes, intentos de ciberataques y aquellos que lograron perpetrarse de manera efectiva, no son muy alentadores. Hablamos de los distintos tipos de ciberataques y efectuados contra entidades, administraciones, instituciones, empresas y civiles. Lo que podría interpretarse como que España ha adquirido la tendencia de convertirse en un objetivo fijo para ciberdelincuentes y organizaciones de cibercriminales.

Para dotar de base a lo que acabamos de comentar y al mismo tiempo, ofrecer datos reales, acudiremos a un fragmento del Informe

---

[121] Fuentes:

1. Artículo publicado por el medio de comunicación online "El Español": España, en el podio mundial de ciberataques: es el tercer país con más cuentas hackeadas en 2023 (elespanol.com)
2. Estadísticas e informe sobre ciberataques según tendencias globales, procedente de *Surf Shark*: Estadísticas de violación de datos del 2023T2 de <> - Surfshark

sobre la Cibercriminalidad en España correspondiente al año 2022, publicado por el Ministerio del Interior[122]:

INFRAESTRUCTURAS CRÍTICAS Y CIBERSEGURIDAD

>> 2.1. Incidentes gestionados por el INCIBE-CERT

Tipo de incidente	INCIDENTES GESTIONADOS						
	2016	2017	2018	2019	2020	2021	2022
Intrusión	14.373	19.275	8.541	6.479	9.557	7.039	7.649
Fraude	11.843	11.959	55.932	31.938	42.641	31.213	33.576
Malware	76.811	81.090	27.016	27.358	46.893	32.605	14.855
SPAM	10.279	7.957	0	0	0	0	0
Disponibilidad	495	514	100	58	1.971	7.177	1.768
Intento de intrusión	381	1.435	396	1.518	1.289	1.753	1.839
Robos de información	37	47	63	77	161	920	823
Contenido Abusivo			9.353	4.064	2.986	5.253	5.110
Recolección de información			5.605	84	87	106	73
Sistema Vulnerable			3.731	31.414	23.161	20.609	51.711
Otros	1.038	787	782	4.407	4.409	2.451	1.416

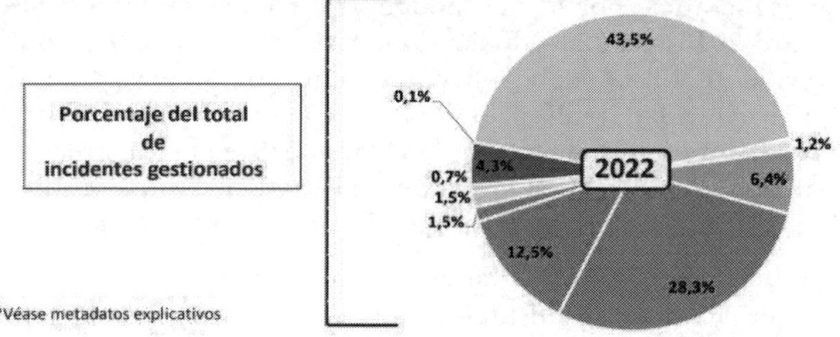

Fragmento correspondiente a la página nº24 del Informe sobre la Cibercriminalidad en España. 2022.

A continuación analizaremos brevemente alguno de los factores recogidos, volúmenes y transcurso temporal.

[122] Informe sobre la cibercriminalidad en España. 2022. Dirección General de Coordinación y Estudios. Secretaría de Estado de Seguridad. Ministerio del Interior. **Autores**: *Pilar Muniesa, Tomás David Herrera Sánchez, Jorge Guerrero Olmos, Francisco Martínez Moreno, Marcos Rubio García, Victoria Gil Pérez, Ana María Santiago Orozco, Miguel Ángel Gómez Martín.* Acceso a la lectura completa: Informe sobre la cibercriminalidad en España 2022 (interior.gob.es)

En primer lugar, podemos apreciar que el actor encargado de gestionar los incidentes en el fragmento seleccionado es INCIBE. En concreto los incidentes están relacionados con categorías de ciberataques, entre ellos:

1. **Intrusión:**

   En este caso consideraremos que no es física, sino digital. Y se trata de una tipología de ciberataque que suele dirigirse hacia los sistemas de instituciones, entidades, administraciones, empresas o entidades con la finalidad de adentrarse en sus redes y sistemas con diversas finalidades. Como por ejemplo, obtener datos, robar informaciones de carácter sensible o bien, desencadenar otro tipo de ciberataque una vez dentro del sistema, etc.

   Los datos nos ofrecen una comparativa dentro de un período de siete años. Por lo que podemos ver un notable descenso entre 2016 y 2022, reduciéndose casi a la mitad este tipo de incidente. Ello se debe a la implementación de protocolos de ciberseguridad, realización de auditorías y constantes supervisiones en los sistemas para detectar si existe alguna brecha o vulnerabilidad. Una manera de realizar dichas supervisiones, consiste en emular las intrusiones haciendo test de *pentesting*[123].

   Sin embargo, si comparamos con los "intentos de intrusión", sí que observamos un tímido ascenso en el volumen. Lo cual cumple con el factor lógico, pues debido a la dificultad para lograr realizar una intrusión efectiva en los sistemas, siendo el resultado infructuoso aumenta el empeño.

2. **Fraude**:

   En lo que respecta al fraude, observamos que el número de estos percances casi se ha triplicado. La causa la localizamos en la diversidad de ciberataques existentes en lo que respecta al

---

[123] Definición *pentesting*, vía INCIBE: "*...también conocido como prueba de penetración, consiste en la simulación de un ataque a un sistema software o hardware con el objetivo de encontrar vulnerabilidades para prevenir ataques externos*" Pentesting | INCIBE | INCIBE

fraude, como por ejemplo la suplantación de identidad, robo de información financiera, secuestro de datos y un largo etcétera. Mas no son sus variantes el único factor justificante del aumento de este tipo de ciberataques.

El otro elemento que opera en este sentido se trata del factor humano. Circunstancia que suele representar una de las mayores vulnerabilidades y no sólo en el ámbito civil, también en el empresarial. Se conoce que no en pocas ocasiones, los ciberdelincuentes han logrado penetrar en los sistemas de grandes multinacionales a través de los trabajadores de éstas.

Ahora bien, dependiendo de la modalidad de la que se trate, dentro de ese listado de ciberataques configurados dentro del fraude, existirá más éxito y el ciberdelincuente o grupo organizado de cibercriminales conseguirá lograr sus objetivos o se quedará en una tentativa. Todo depende de la técnica y metodología empleada durante el mismo.

Pues está más que demostrado que los ciberataques donde la técnica preponderante es la ingeniería social (aunque operen otras posteriormente), suelen ser los más peligrosos a la par que triunfantes. Debido a que la ingeniería social implica ejercer sobre la víctima manipulación psicológica, coacción, persuasión y/o engaño, por parte del ciberdelincuente.

Sin obviar, que existen diversos grados de ingeniería social, según la finalidad perseguida con el inicio del ataque. Cuanto más ambicioso sea el objetivo, muy probablemente más tiempo de ejecución requerirá. Lo que se traduce en más tiempo para establecer un vínculo ficticio con la víctima y aprovecharse de sus debilidades, carencias y así manipularla. Aunque el criterio temporal no es un indicador fiable al 100%. Pues todo dependerá de la fortaleza mental y psicológica de la víctima o potencial víctima.

Quien podrá descubrir que se trata de un fraude antes de que el ciberdelincuente de rienda suelta a sus tácticas o bien, podrá detectar el engaño una vez inmersa en él. No obstante, el último caso es más complicado, y ello por el grado de implicación emocional que la víctima puede llegar a entablar con el ciberdelincuente, quien amparándose bajo otra identidad intentará mantener su engaño hasta el final.

Aun así, esto es sólo un ejemplo del alcance de la ingeniería social aplicada a los ciberataques. Por lo que se anima al lector a formarse y documentarse más en la materia, para prevenir en un futuro llegar a ser víctima de ella.

3. Malware

Como *Malware* entendemos cualquier tipo de *software* o programa malicioso, por lo que resulta algo ambiguo en este contexto. Sin embargo, seleccionarlo como criterio puede ser comprensible, de lo contrario la lista sería demasiado extensa y con una alta cantidad de información, en ocasiones se difumina la finalidad u objetivo de ofrecer el dato. Que en este caso, es ofrecer las métricas dentro de un período de siete años.

Observamos que desde que comenzó a contabilizarse en 2016 hasta 2022 ha descendido desde el registro originario de incidentes en casi cinco veces en comparación con el primer año. Lo que demuestra la efectividad de las medidas implantadas, el aumento de concienciación, formación y que los equipos e infraestructuras se encuentran cada vez más protegidos y con mejores sistemas de detección temprana.

Por lo que, muy probablemente la cifra que corresponde al año 2022 pueda corresponderse con un tipo de ciberamenaza, que aún a día de hoy "trae de cabeza" a toda la comunidad internacional (estados, multinacionales, organizaciones y cualquier actor del tamaño que sea, que se encuentre conectado a internet) es decir, los *ransomware*.

Tal es la magnitud del agravio que puede ser ocasionado por los temidos *ransomwares* que existen diversas guías y soportes prestados por páginas webs de profesionales y organismos estatales para tratar de prevenir a las potenciales víctimas. Incluyendo manuales de actuación para saber qué hacer en el caso de estar sufriendo uno.

Un ejemplo de estas guías las encontramos de la mano de INCIBE, a la que acudiremos para plasmar la definición de ransomware y al mismo tiempo nos servirá para facilitar el acceso a dicha guía[124], de modo que quizás pueda servir de ayuda al lector, por si en un futuro próximo se ve ante semejante panorama:

> Ransomware: "... *tipo de malware en continua evolución que impide el acceso a la información de un dispositivo, amenazando con destruirla o hacerla pública si las víctimas no acceden a pagar un rescate en un determinado plazo.*
> *El ransomware se propaga, como otros tipos de malware, por múltiples vías: a través de campañas de spam, vulnerabilidades o malas configuraciones de software, actualizaciones de software falsas, canales de descarga de software no confiables y herramientas de activación de programas no oficiales (cracking). Los ciberdelincuentes tratan de que el usuario abra un archivo adjunto infectado o haga clic en un vínculo que le lleve al sitio web del atacante, donde será infectado*[125]".

4. SPAM

Tratándose del único incidente cuyas cifras se han quedado en 0 en los últimos años, de manera que puede considerarse que es un ciberataque en la realidad de España con un impacto nulo, se trata de correos basura, correos no deseados y usualmente enviados en masa.

Aunque presenta más variantes y subtipos. Pues su campo de acción no se circunscribe únicamente a los correos electrónicos. Pueden localizarse a través de sms, en redes sociales, páginas web, etc. Sin embargo, en la actualidad son fácilmente detectables, por lo que no suponen o no deberían suponer una amenaza, al menos de gran magnitud. Y ello debido a que la diferencia entre el *spam* y el *phishing* (subtipo de ciberataque basado en el fraude) radica en la intencionalidad, aunque a priori puedan parecer similares.

---

124 Ver guía completa sobre el Ransomware de INCIBE: Ransomware: una guía de aproximación para el empresario (incibe.es)

125 Definición de ransomware, pág 6. Una guía de aproximación para el empresario. INCIBE. vid. ref. anterior.

5. Sistemas vulnerables

El último apunte lo realizaremos sobre este tipo de incidente, los sistemas vulnerables, por su aumento considerable. Este dato no implica obligatoriamente que los sistemas no se encuentren bien protegidos, no dispongan de las actualizaciones oportunas o que no se estén implementando las medidas requeridas de seguridad.

Pues lo que revela es el alto nivel de desarrollo y evolución constante de las amenazas que pululan en el ciberespacio, factor que si relacionamos por ejemplo, con otro indicador mencionado anteriormente, como los ransomware o ciberataques ejecutados mediante el empleo de la ingeniería social, cobra sentido.

Así pues, de un lado, hemos podido conocer cómo fue que España comenzó a conectar a todo el territorio nacional a internet y de otro, cómo a día de hoy ha logrado congregar en un código todas sus normas y leyes, a pesar de ser ser un foco de ciberataques constantes, lo que requiere una labor incesante de actualización.

Entre un punto y otro, se encuentra un margen temporal de treinta y nueve años, donde también hemos de tener en consideración, que dicha evolución normativa se debió a la pertenencia del Reino de España a la Unión Europea como estado miembro, desde la firma del Tratado de Adhesión en 1985, aunque dicha entrada ganase firmeza un año después. Averigüemos pues, cómo fue esa evolución y a qué causas la motivaron.

Primeramente, encontramos la *Ley Orgánica 15/1999, de Protección de Datos de Carácter Personal*[126], en cuyo artículo primero dejó plasmada la motivación de su promulgación:

> **Art.1**.– "La presente Ley Orgánica tiene por objeto garantizar y proteger, en lo que concierne al tratamiento de los datos personales, las libertades públicas y los derechos fundamentales de las personas físicas, y especialmente de su honor e intimidad personal y familiar".

---

126 Lectura completa *Ley Orgánica 15/1999, de Protección de Datos de Carácter Personal*: BOE-A-1999-23750 Ley Orgánica 15/1999, de 13 de diciembre, de Protección de Datos de Carácter Personal.

En dicha Ley Orgánica, ya se contempla en su articulado el tratamiento de datos obtenidos telemáticamente, así como el empleo de este medio para la emisión de comunicaciones por parte de las administraciones públicas. O dicho de otra manera, en 1999 el sistema jurídico español comenzó a situar las primeras balizas que continuarán marcando la ruta a seguir en cuanto a la llegada del ciberespacio y su repercusión en la vida cotidiana de personas físicas y jurídicas.

Ulteriormente, fue derogada por la *Ley Orgánica 3/2018, de 5 de diciembre, de Protección de Datos Personales y garantía de los derechos digitales*[127]. La cual fue una adaptación más elaborada conforme a los avances tecnológicos. De igual modo, insertar esta modificación en el sistema legislativo español fue requerimiento ineludible en cuanto al deber de cumplir con sus obligaciones respecto de la Unión Europea, dado que el derecho de la nación no debe colisionar con el de la Unión.

Y por aquel entonces, la UE ya trazó cierto recorrido legislativo en la materia, al cual los países miembros debían ajustarse y armonizar sus marcos jurídicos lo máximo posible. Por ello, meses antes de que cobrara vigencia la nueva ley que derogó la Ley Orgánica de 1999, en julio se publicó el *Real Decreto-ley 5/2018, de 27 de julio, de medidas urgentes para la adaptación del Derecho español a la normativa de la Unión Europea en materia de protección de datos.*

Sobre la cual se añadió en su *disposición derogatoria única* tercera "*Asimismo, quedan derogadas cuantas disposiciones de igual o inferior rango contradigan, se opongan, o resulten incompatibles con lo dispuesto en el Reglamento (UE) 2016/679 y en la presente ley orgánica*". Pues dicho Reglamento, versaba sobre protección de datos y privacidad.

No obstante, el marco normativo relacionado con la privacidad y protección de datos e informaciones de carácter personal, continuó avanzando dando como lugar la publicación en 2021 de la *Ley Orgánica 7/2021, de 26 de mayo, de protección de datos personales tratados para*

---

127 Lectura completa *Ley Orgánica 3/2018, de 5 de diciembre, de Protección de Datos Personales y garantía de los derechos digitales*: BOE-A-2018-16673 Ley Orgánica 3/2018, de 5 de diciembre, de Protección de Datos Personales y garantía de los derechos digitales.

fines de prevención, detección, investigación y enjuiciamiento de infracciones penales y de ejecución de sanciones penales[128].

Ahora bien, teniendo presente que nos encontramos realizando menciones a leyes orgánicas y no ordinarias, cabría cuestionarse si en el articulado de la norma suprema del estado español, es decir, la Constitución de 1978[129] se ha podido apreciar la evolución normativa propiciada por el avance tecnológico, más allá de la protección de datos. Y la respuesta es afirmativa.

Prestando atención al artículo 18, correspondiente al apartado de *Derechos y Libertades* del *Capítulo II*, del *Título I* "*De los derechos y libertades fundamentales*", sí atendemos al apartado 4, se dice así: *Art.18.4: "La ley limitará el uso de la informática para garantizar el honor y la intimidad personal y familiar de los ciudadanos y el pleno ejercicio de sus derechos"*. En cuanto al fundamento de insertar el criterio "informática" en el articulado, la propia Constitución lo argumenta de la siguiente manera:

> "La protección de los datos frente al uso de la informática es nuestra Constitución una de las primeras en introducirlo dado que es precisamente en los años de su redacción cuando comienzan a apreciarse los peligros que puede entrañar el archivo y uso ilimitado de los datos informáticos. Nuestros constituyentes tomaron, en este caso, el ejemplo de la Constitución portuguesa, sólo dos años anterior a la española.
> Una primera interpretación llevó a considerar este derecho como una especificación del derecho a la intimidad, pero el Tribunal Constitucional ha interpretado que se trata de un derecho independiente, aunque obviamente estrechamente relacionado con aquél (STC 254/1993[130], de 20 de julio y 290/2000[131], de 30 de noviembre). El Alto Tribunal

[128] Lectura de la *Ley Orgánica 7/2021, de 26 de mayo, de protección de datos personales tratados para fines de prevención, detección, investigación y enjuiciamiento de infracciones penales y de ejecución de sanciones penales: BOE-A-2021-8806 Ley Orgánica 7/2021, de 26 de mayo, de protección de datos personales tratados para fines de prevención, detección, investigación y enjuiciamiento de infracciones penales y de ejecución de sanciones penales.*

[129] Constitución Española de 1978: BOE-A-1978-31229 Constitución Española.

[130] Vid. Sentencia *STC 254/1993 completa*: Sistema HJ - Resolución: SENTENCIA 254/1993 (tribunalconstitucional.es)

[131] Vid. Sentencia *STC 290/2000 completa*: BOE-T-2001-332 Pleno. Sentencia 292/2000, de 30 de noviembre de 2000. Recurso de inconstitucionalidad 1.463/2000. Promovido por el Defensor del Pueblo respecto de los arts. 21.1 y 24.1 y 2 de la Ley Orgánica 15/1999, de 13 de diciembre, de Protec-

además señaló la vinculación directa de este derecho para los poderes públicos sin necesidad de desarrollo normativo (STC 254/1993). En concreto, la STC 94/1998[132] señaló que nos encontramos ante un derecho fundamental a la protección de datos por el que se garantiza a la persona el control sobre sus datos, cualesquiera datos personales, y sobre su uso y destino, para evitar el tráfico ilícito de los mismos o lesivo para la dignidad y los derechos de los afectados; de esta forma, el derecho a la protección de datos se configura como una facultad del ciudadano para oponerse a que determinados datos personales sean usados para fines distintos a aquél que justificó su obtención[133]".

Apreciada la argumentación jurídica de la inserción del término "informática" en el artículo 18 de la Constitución y contemplado al mismo tiempo, la motivación de considerarla un criterio necesitado de regulación legislativa por su impacto sobre la esfera personal de los individuos, interpretamos la relevancia de la ciberinteligencia en este contexto y su continuidad, así como crecimiento en cuanto a notoriedad, conforme ha ido avanzando la sociedad española.

Pues si la propia Constitución reconoce, recoge y expresa que el uso de la informática, puede suponer un riesgo para las personas físicas (y posteriormente se extendió a la propia nación, administraciones, instituciones, entidades y empresas) estamos ante las puertas de lo que después pasaría a ser considerado como simplemente "informática" a "ciberespacio".

Continuando nuestro camino por la evolución normativa de España respecto de la ciberinteligencia, nos mantendremos en la línea de los datos e informaciones. Sin embargo, aplicadas al ámbito de la Seguridad Nacional. Pues si bien los datos de carácter personal de las personas físicas y jurídicas, son aspectos necesitados de protección, la información de carácter sensible y/o reservado de implicación nacional, no son menos.

---

ción de Datos de Carácter Personal. Vulneración del derecho fundamental a la protección de datos personales. Nulidad parcial de varios preceptos de la Ley Orgánica.

132 Vid. Sentencia *STC 94/1998 completa*: Sistema HJ - Resolución: SENTENCIA 94/1998 (tribunalconstitucional.es)

133 Vid. Sinopsis completa sobre el art. 18 de la Constitución Española de 1978: Sinopsis artículo 18 - Constitución Española (congreso.es)

Uno de los primeros registros sobre legislación en materia de Seguridad Nacional relacionada con la protección de la información, la encontramos en la España que aún vivía dentro del régimen dictatorial impuesto por el ex caudillo, Francisco Franco Bahamonte[134]. Se promulgó en 1968 bajo la denominación *Ley 9/1968, de 5 de abril, sobre secretos oficiales*[135].

Según lo dispuesto en la misma, la finalidad se encuentra en preservar la información categorizada como "clasificada" y alejarla de toda aquella persona que no posea autorización para acceder a ella, de lo contrario podría suponer un peligro para la seguridad del país. Esta ley aún en 2023 continúa vigente y ha sido objeto de escasa reforma.

No obstante, no debemos obviar el contexto temporal en el que fue promulgada, es decir, bajo el régimen franquista. Por lo que su tinte en unos inicios, escondía más la intención de bloquear la información secreta y evitar injerencias de sujetos ajenos a la dictadura, que la finalidad que posee hoy día.

De hecho, no en pocas ocasiones fue motivo de disputa y detonante de revuelo social la *Ley 9/1968, de 5 de abril, sobre secretos oficiales,* Pues en algunos casos se invocó a la misma, directa o indirectamente, para no ofrecer información ante hechos de relevancia nacional.

Laya se escuda en la ley de secretos oficiales para no desvelar quién autorizó la entrada de Ghali

La ex titular de Asuntos Exteriores elude algunas de las preguntas planteadas por el instructor e insiste en que "todo se hizo conforme a la ley"

---

134 Biografía de Francisco Franco: Biografia de Francisco Franco Bahamonde (biografiasyvidas.com)

135 Lectura completa de la *Ley 9/1968, de 5 de abril, sobre secretos oficiales.*Vía: repositorio documental del CNI: ley9-1968secretosoficiales.pdf (cni.es)

Uno de esos casos corresponde al titular anteriormente expuesto. La noticia publicada por el medio de comunicación online "La Razón" en el año 2021[136] contaba, como la quien fue Ministra de Asuntos Exteriores, Arancha Gonzalez Laya, invocó la *Ley sobre Secretos Oficiales* para lograr mantenerse en silencio legítimamente y no responder a las cuestiones planteadas por el juez que instruía la causa donde se implicaba al gobierno de España por motivo de la entrada de *Brahim Ghali*[137] en el territorio español.

En este caso, la ex Ministra de Asuntos Exteriores, utilizó como recurso el *Acuerdo de Consejo de Ministros, de 15 de octubre de 2010, sobre política de seguridad de la Información del Ministerio de Asuntos Exteriores y de Cooperación por el que se clasifican determinadas materias con arreglo a la Ley de Secretos Oficiales.*

De hecho, varios recursos de la misma índole se han empleado en numerosas ocasiones para contestar a solicitudes de distintos actores (de procedencia desconocida, pues en los documentos de resolución de solicitud se emborronan los datos de los peticionarios) y así no brindar información cuya categoría es de clasificada por motivo de Seguridad Nacional. Aquí podemos ver un ejemplo:

---

136 Url noticia completa: Laya se escuda en la ley de secretos oficiales para no desvelar quién autorizó la entrada de Ghali (larazon.es)

137 *Brahim Ghali: "internacionalmente por ser el líder del Frente Polisario, un político y militar que siempre ha sido considerado una de las figuras clave en la lucha del pueblo saharaui para lograr su independencia…ostenta el cargo desde el 2016 como actual presidente de la República Árabe Saharaui Democrática (Rasd), por lo que… ha participado de forma activa desde la década de los 60 en diferentes movimientos de liberación saharaui"* Información vía: Quién es Brahim Ghali, el líder del Frente Polisario (20minutos.es)

Este Ministerio entiende que no puede atender la petición de información de [redacted] puesto que la misma incide en materia clasificada y, por tanto, amparada por el artículo 14.1, apartados a), b) y c), y la Disposición Adicional primera, apartado 2, de la Ley de 19/2013, de 9 de diciembre, de transparencia, acceso a la información pública y buen gobierno, por los siguientes motivos:

1. El artículo 14.1, apartados a), b) y c) de la Ley de 19/2013, de 9 de diciembre, posibilita limitar el derecho de acceso cuando acceder a la información suponga un perjuicio para:
   a. La seguridad nacional;
   b. La defensa;
   c. Las relaciones exteriores.

2. La Disposición Adicional primera, apartado 2, de la Ley de 19/2013, de 9 de diciembre, establece que se regirán por su normativa específica, y por esta Ley con carácter supletorio, aquellas materias que tengan previsto un régimen jurídico específico de acceso a la información.

3. De acuerdo con la Ley 19/1968, de 5 de abril, sobre Secretos Oficiales, modificada por la Ley 48/1978 (LSO), así como por la normativa que la desarrolla, los documentos que pudieran dañar o poner en riesgo la seguridad y defensa del Estado podrán ser declarados "materias clasificadas".

Fragmento correspondiente a la resolución de solicitud realizada al Ministerio de Asuntos exteriores. Doc completo: Resolucion 027756-MAEC-anonimizada.pdf (transparencia.gob.es)

Ahora bien, que la *Ley 9/1968, de 5 de abril, sobre secretos oficiales,* se encuentre aún vigente no significa que el marco normativo relativo a la Seguridad Nacional se haya quedado estancado, todo lo contrario. Con el pasar de los años y la transformación de las naciones al entorno digital, si todos los sectores que configuran a un país se han modificado y en gran medida, trasladado al ciberespacio para ejecutar sus tareas y cumplir con sus atribuciones, la Seguridad Nacional se ha tratado de unos de los elementos donde más esfuerzo se ha invertido para que su contenido no quedase desfasado. Pues de darse el caso, las consecuencias a nivel nacional hubieran sido cuanto menos nefastas.

Contando pues, con un amplio abanico legislativo en dicha materia donde se cubre regulación de diferentes rangos normativos, huelga hacer mención a la *Ley Orgánica 2/2002, de 6 de mayo, reguladora del control judicial previo del Centro Nacional de Inteligencia*[138] y la *Ley 11/2002, de 6 de mayo, reguladora del Centro Nacional de Inteligencia*[139] donde se fijan los parámetros configuradores del CNI, organismo indispensable para la salvaguarda de los intereses de la nación y sobre todo, detección temprana de amenazas de cualquier rango (físicas o cibernéticas, nacionales y extranjeras, civiles y militares) y generación de estrategias a corto, medio y largo plazo, entre otras atribuciones. Por lo que, los servicios de inteligencia y seguridad nacional de España y de cualquier estado, van de la mano.

Organigrama estructura del CNI

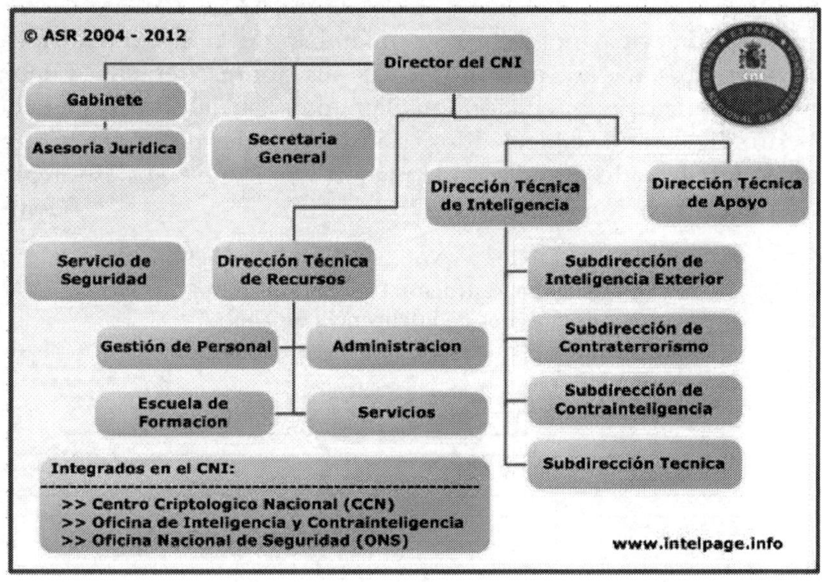

138 Acceso a la lectura de la *Ley Orgánica 2/2002, de 6 de mayo, reguladora del control judicial previo del Centro Nacional de Inteligencia: BOE-A-2002-8627 Ley Orgánica 2/2002, de 6 de mayo, reguladora del control judicial previo del Centro Nacional de Inteligencia.*

139 Acceso a la lectura de la *Ley 11/2002, de 6 de mayo, reguladora del Centro Nacional de Inteligencia: BOE-A-2002-8628 Ley 11/2002, de 6 de mayo, reguladora del Centro Nacional de Inteligencia.*

Pensar en CNI es hacer alusión directa a la ciberinteligencia en la actualidad. Dado que el Centro Nacional de Inteligencia es su máximo exponente en el territorio español. Ha precisado de evolución no sólo normativa, sino también adaptativa frente a los cambios tecnológicos y expansión del ciberespacio.

Asimismo, el CNI colabora activamente con otras áreas del gobierno español, las cuales también tienen asignadas funciones directas sobre inteligencia. No obstante, la cooperación también traspasa las fronteras, pues España se configura como un estado que presta soporte y colaboración en diversas áreas a distintos países y organizaciones, actividades para las cuales establece los respectivos acuerdos internacionales.

Sin olvidar su papel de estado miembro de la Unión Europea, como veremos más adelante, por lo que sus labores, derechos y deberes en materia de cooperación son elementos cruciales en materia de ciberinteligencia. Estableciéndose así, vínculos de retroalimentación que de igual modo impulsan a la nación y por ende, sus estrategias de seguridad nacional.

Organigrama estructural sobre los distintos organismos de inteligencia español

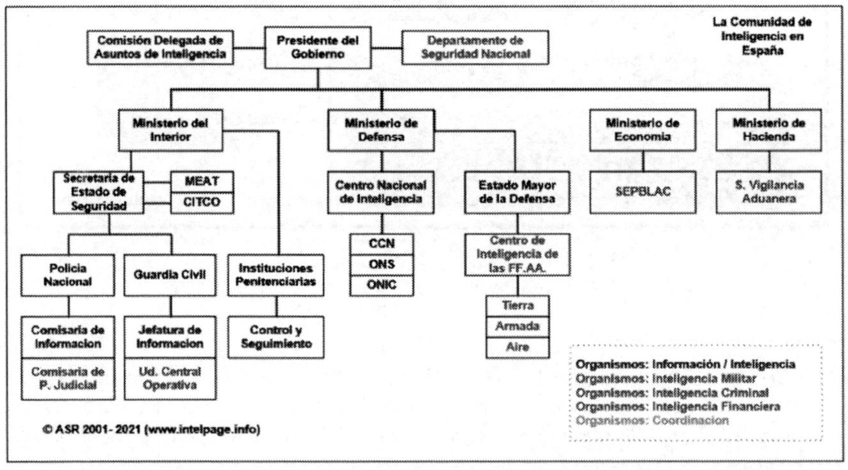

Continuando en la línea de la evolución normativa sobre Seguridad Nacional vinculada a la ciberinteligencia, se encuentra *la Orden PRE/2740/2007, de 19 de septiembre, por la que se aprueba el Reglamento de Evaluación y Certificación de la Seguridad de las Tecnologías de la Información*[140].

Mediante la cual, se configura la estructura de los organismos de certificación y su regulación, con el fin de instaurar un sistema garantista donde prime la seguridad de los productos, sistemas y servicios relacionados directa e indirectamente con las TICs (Tecnologías de la Información y Comunicaciones).

La necesidad de establecer un nivel de seguridad óptimo respecto de las TICs, es de hecho un factor indispensable, pues al estar interconectados pueden suponer un peligro para los consumidores y usuarios y por ende, exponerles a riesgos y amenazas contenidas en el ciberespacio y que se enfoquen en atacar a las diversas tecnologías físicas o intangibles existentes.

Por tanto, el papel de la ciberinteligencia en este contexto es notable, pues para generar dicho nivel de protección es necesario previamente conocer cuáles son las amenazas, de qué tipo son y lo más importante, cómo generar sistemas detección temprana que permitan a las TICs operar con garantías de protección. Sin olvidar, los procedimientos de actuación en el caso de ser atacado. O lo que es lo mismo, protocolos de procedimiento durante un ataque y posterior al mismo. De manera que el objetivo siempre será buscar el daño 0 o en su defecto, el mínimo.

Otro elemento normativo añadido al marco regulador sobre Seguridad Nacional fue el *Real Decreto 4/2010, de 8 de enero, por el que se regula el Esquema Nacional de Interoperabilidad en el ámbito de la Administración Electrónica*[141] y cuatro años después se creó el Comité de

---

140 Acceso a la lectura de la *Orden PRE/2740/2007, de 19 de septiembre, por la que se aprueba el Reglamento de Evaluación y Certificación de la Seguridad de las Tecnologías de la Información*: BOE-A-2007-16830 Orden PRE/2740/2007, de 19 de septiembre, por la que se aprueba el Reglamento de Evaluación y Certificación de la Seguridad de las Tecnologías de la Información.

141 Acceso a la lectura de *Real Decreto 4/2010, de 8 de enero, por el que se regula el Esquema Nacional de Interoperabilidad en el ámbito de la Administración Electrónica*:

Seguridad de los Sistemas de Información de la Seguridad Social, al amparo de la *Orden ESS/775/2014, de 7 de mayo*[142] con la pretensión de que fuera el encargado de gestionar los procedimientos relativos a la seguridad de los sistemas de información insertos en la Secretaría del Estado y se mantuviera conectado con el CSTIC[143].

No obstante, le siguieron la creación de más Comités para cubrir las necesidades emergentes relativas a las nuevas tecnologías aplicables a cada sector. Es por ello que un año después, nació el Comité de Seguridad de las Tecnologías de la Información y las Comunicaciones del Ministerio de Trabajo e Inmigración, a través de la publicación de la *Orden TIN/3016/2011, de 28 de octubre*[144].

Posteriormente aparece el Consejo Nacional de Ciberseguridad, gracias a la *Orden PRA/33/2018, de 22 de enero, por la que se publica el Acuerdo del Consejo de Seguridad Nacional, por el que se regula el Consejo Nacional de Ciberseguridad*[145]. Tratándose de un comité especializado adscrito al Consejo de Seguridad Nacional, se creó para que sirviera de soporte y acrecentara los vínculos colaborativos y de coordinación entre las administraciones españolas que tuvieran asignadas funciones sobre ciberseguridad. No obstante, no sólo operaría para el sector público, pues también tendría un papel activo en relación con el sector privado.

BOE-A-2010-1331 Real Decreto 4/2010, de 8 de enero, por el que se regula el Esquema Nacional de Interoperabilidad en el ámbito de la Administración Electrónica.

142 Acceso a la lectura de la *Orden ESS/775/2014, de 7 de mayo: BOE-A-2014-5111 Orden ESS/775/2014, de 7 de mayo, por la que se crea el Comité de Seguridad de los Sistemas de Información de la Seguridad Social.*

143 CSITC: Comité de Seguridad de las Tecnologías de la Información y las Comunicaciones del Ministerio de Empleo y Seguridad Social

144 Acceso a la lectura de la *Orden TIN/3016/2011, de 28 de octubre*: BOE-A-2011-17656 Orden TIN/3016/2011, de 28 de octubre, por la que se crea el Comité de Seguridad de las Tecnologías de la Información y las Comunicaciones del Ministerio de Trabajo e Inmigración.

145 Acceso a la lectura de la *Orden PRA/33/2018, de 22 de enero, por la que se publica el Acuerdo del Consejo de Seguridad Nacional, por el que se regula el Consejo Nacional de Ciberseguridad:*BOE-A-2018-799 Orden PRA/33/2018, de 22 de enero, por la que se publica el Acuerdo del Consejo de Seguridad Nacional, por el que se regula el Consejo Nacional de Ciberseguridad.

No obstante, también abordaría el papel de la ciberinteligencia dentro de un encuadre nacional e internacional, pues apoyaría mediante sus investigaciones, análisis y estrategias a la toma de decisiones. Por lo que, podemos apreciar como poco a poco, la ciberinteligencia fue asentándose adaptándose a las necesidades y los actores, adecuándose a la misma. En conclusión, un crecimiento y evolución en paralelo pero conjuntamente.

Composición del consejo de ciberseguridad vía: Consejo Nacional de Ciberseguridad | DSN

Ahora bien, existiendo una evolución normativa más amplia dentro del contexto de la Seguridad Nacional en relación con la ciberinteligencia, es importante destacar el papel del Esquema de Seguridad Nacional, el cual fue regulado mediante el *Real Decreto 3/2010, de 8 de enero*[146] (ya derogado, por la existencia de regulación posterior

[146] Acceso a la lectura del *Real Decreto 3/2010, de 8 de enero: BOE-A-2010-1330 Real Decreto 3/2010, de 8 de enero, por el que se regula el Esquema Nacional de Seguridad en el ámbito de la Administración Electrónica.*

actualizada), siendo su origen la *Ley 11/2007, de 22 de junio, de acceso electrónico de los ciudadanos a los Servicios Públicos*[147], en su artículo 42.

Con la pretensión de configurar un escenario seguro y protegido en y para el uso de los medios electrónicos. De tal manera, las instituciones, administraciones, entidades, empresas y civiles podrían desempeñar sus funciones y atribuciones, así como ejercer sus derechos, corriendo el mínimo riesgo gracias a la inserción de protocolos, técnicas y metodologías de seguridad pertinentes sobre ciberseguridad.

Respecto del ámbito de actuación del Esquema de Seguridad Nacional, el mismo se especifica en el artículo 2. de la citada *Ley 11/2007, de 22 de junio, de acceso electrónico de los ciudadanos a los Servicios Públicos.* Sin embargo, queda fuera del ámbito de aplicación la información con consideración de clasificada, contenida en la *Ley 9/1968 de 5 de abril, de Secretos Oficiales:*

1. *A la Administración General del Estado, Administraciones de las Comunidades Autónomas y las Entidades que integran la Administración Local, así como las entidades de derecho público vinculadas o dependientes de las mismas.*
2. *A los ciudadanos en sus relaciones con las Administraciones Públicas.*
3. *A las relaciones entre las distintas Administraciones Públicas.*

Más tarde se publicó el *Real Decreto 311/2022, de 3 de mayo, por el que se regula el Esquema Nacional de Seguridad*[148]. Actualizando el Esquema de un lado y de otro, implementando medidas.

Objetivos e innovaciones del Esquema Nacional de Seguridad contenidos en el Real Decreto:

a) Armonizar el Esquema Nacional de Seguridad con la legislación actual en materia digital y con el plan estratégico nacional. Del mismo modo, se establece la necesidad de concretar el

---

[147] Acceso a la lectura de la *Ley 11/2007, de 22 de junio, de acceso electrónico de los ciudadanos a los Servicios Públicos:*BOE-A-2007-12352 Ley 11/2007, de 22 de junio, de acceso electrónico de los ciudadanos a los Servicios Públicos.

[148] Acceso a la lectura del *Real Decreto 311/2022, de 3 de mayo, por el que se regula el Esquema Nacional de Seguridad:* BOE-A-2022-7191 Real Decreto 311/2022, de 3 de mayo, por el que se regula el Esquema Nacional de Seguridad.

marco de aplicación a los sistemas operativos que se emplean en el sector público, incluyendo en este contexto a los actores proveedores o prestadores de servicios que desempeñen dichas funciones para el sector público. Asimismo, se especifica que deben incluirse los sistemas que trabajen con información categorizada como clasificada.

b) Coordinarse con el *Real Decreto-ley 12/2018, de 7 de septiembre, de seguridad de las redes y sistemas de información*[149] cuya finalidad es "*regular la seguridad de las redes y sistemas de información utilizados para la provisión de los servicios esenciales y de los servicios digitales, y establecer un sistema de notificación de incidentes*" (art.1) para compatibilizar el protocolo de respuesta y notificación sobre incidentes de seguridad.

c) Generar perfiles de cumplimiento que actúen en los sectores tecnológicos cuando sea preceptivo, mediante la adecuación de los requisitos del Esquema de Seguridad Nacional.

d) Examinar minuciosamente "*principios básicos, requisitos* (incluídos los mínimos) *y medidas de revisión*".

e) Incorporación de sistemas de gestión de información con categoría de clasificación, suministradores y proveedores tecnológicos que prestan servicios a las administraciones, instituciones y entidades del sector público al ámbito de aplicación.

f) Ejecutar los parámetros concretados en el *Real Decreto-ley 7/2022, de 29 de marzo, sobre requisitos para garantizar la seguridad de las redes y servicios de comunicaciones electrónicas de quinta generación*[150] en el momento en el que los distintos organismos que

---

149 *Real Decreto-ley 12/2018, de 7 de septiembre, de seguridad de las redes y sistemas de información* completo: Real Decreto-ley 12/2018, de 7 de septiembre, de seguridad de las redes y sistemas de información. (boe.es)

150 *Real Decreto-ley 7/2022, de 29 de marzo, sobre requisitos para garantizar la seguridad de las redes y servicios de comunicaciones electrónicas de quinta generación completo*: BOE-A-2022-4973 Real Decreto-ley 7/2022, de 29 de marzo, sobre requisitos para garantizar la seguridad de las redes y servicios de comunicaciones electrónicas de quinta generación.

componen el sector público dispongan, conecten y ejecuten las redes y servicios *5G*[151].

Cabe destacar también, que en el año 2022 junto a la aprobación del *Real Decreto-ley 7/2022, de 29 de marzo, sobre requisitos para garantizar la seguridad de las redes y servicios de comunicaciones electrónicas de quinta generación,* también se adoptó el Plan Nacional de Ciberseguridad.

Surgiendo como resultado de la puesta en marcha de la Estrategia Nacional de Ciberseguridad del 2019[152] y del mandato proveniente del Consejo de Seguridad Nacional, el Consejo de Ministros aprobó el Plan Nacional de Ciberseguridad. Siendo una tarea donde trabajó activamente el Departamento de Seguridad Nacional adscrito a la Presidencia del Gobierno de España, se generó con la intención de ejecutar sus planes en un plazo de tres años.

A tenor de las previsiones, se contempló que dicho plan estuviera compuesto con un número de unas 150 iniciativas, proyectos y actuaciones. De hecho, debido a la magnitud del plan, se estimó que sería necesaria una inversión de capital de mil millones de euros.

El Ministerio de la Presidencia, Relaciones con las Cortes y Memoria Democrática[153] entre otros organismos oficiales como por ejemplo el CNI, anunciaron la aprobación del Plan Nacional de Ciberseguridad, así como sus puntos más relevantes, los cuales veremos a continuación, según lo publicado en la página web del Ministerio:

---

151 Definición 5G: "*... la denominación de la nueva generación de tecnología móvil, que mejora sensiblemente las prestaciones... de acceso a Internet en movilidad respecto a las generaciones anteriores. Sus especiales características hacen de ella una pieza clave para acelerar la transformación digital de la sociedad y la economía*" Vía: Ministerio de Asuntos Económicos y Transformación Digital - Digitalización e Inteligencia Artificial - Telecomunicaciones e Infraestructuras Digitales (mineco.gob.es)

152 Vid. Documento completo relativo a la Estrategia Nacional de Ciberseguridad de España, correspondiente al año 2019: Estrategia Nacional de Ciberseguridad 2019.pdf (dsn.gob.es)

153 Página web oficial del Ministerio de la Presidencia, Relaciones con las Cortes y Memoria Democrática: MPR. Home

Principales actuaciones:

1. Creación de la Plataforma Nacional de Notificación y Seguimiento de ciberincidentes y amenazas para intercambiar información, en tiempo real, entre organismos públicos y privados.
2. Impulsar la puesta en marcha del Centro de Operaciones de Ciberseguridad de la Administración General del Estado y sus Organismos Públicos.
3. El desarrollo de un sistema integrado de indicadores de ciberseguridad a nivel nacional.
4. Incrementar la creación de infraestructuras de ciberseguridad en las comunidades y ciudades autónomas y las entidades locales.
5. Impulsar la ciberseguridad de pymes, micropymes y autónomos.
6. Promover un mayor nivel de cultura de ciberseguridad[154].

Prosiguiendo por nuestra ruta a través de la evolución normativa dentro del sistema jurídico español, la cual ha ido de la mano de la ciberinteligencia y como estamos contemplando, ha servido de simiente para la creación de nuevos organismos adaptados a las nuevas tecnologías, ciberespacio y ciberamenazas, echaremos un vistazo pues a otro factor de igual relevancia y que también ha visto una transformación de su desarrollo legislativo para adaptarlo a la era digital.

En este caso hacemos alusión a las infraestructuras críticas, sobre las cuales se compila en el Código de Código de Derecho de la Ciberseguridad, *la Ley 8/2011, de 28 de abril, por la que se establecen medidas para la protección de las infraestructuras críticas*[155] de un lado, el *Real Decreto 704/2011, de 20 de mayo, por el que se aprueba el Reglamento de protección de las infraestructuras críticas*[156] y por último, la *Resolución de*

---

154 Vid. Nota informativa completa: MPR. 29/03/2022. El Gobierno aprueba el Plan Nacional de Ciberseguridad [Prensa/Notas informativas]

155 Ver completa *Ley 8/2011, de 28 de abril, por la que se establecen medidas para la protección de las infraestructuras críticas:* BOE-A-2011-7630 Ley 8/2011, de 28 de abril, por la que se establecen medidas para la protección de las infraestructuras críticas.

156 Ver completo *Real Decreto 704/2011, de 20 de mayo, por el que se aprueba el Reglamento de protección de las infraestructuras críticas: BOE-A-2011-8849 Real Decreto 704/2011, de 20 de mayo, por el que se aprueba el Reglamento de protección de las infraestructuras críticas.*

8 de septiembre de 2015, de la Secretaría de Estado de Seguridad, por la que se aprueban los nuevos contenidos mínimos de los Planes de Seguridad del Operador y de los Planes de Protección Específicos[157].

Ahora bien, si nos preguntamos qué podemos entender por infraestructuras críticas la *Ley 8/2011, de 28 de abril, por la que se establecen medidas para la protección de las infraestructuras críticas,* nos ofrece una definición del concepto en su artículo 2. Ampliando con infraestructuras estratégicas y infraestructuras críticas europeas:

a) ***Infraestructuras estratégicas****: las instalaciones, redes, sistemas y equipos físicos y de tecnología de la información sobre las que descansa el funcionamiento de los servicios esenciales.*

b) ***Infraestructuras críticas:*** *las infraestructuras estratégicas cuyo funcionamiento es indispensable y no permite soluciones alternativas, por lo que su perturbación o destrucción tendría un grave impacto sobre los servicios esenciales.*

c) ***Infraestructuras críticas europeas:*** *aquellas infraestructuras críticas situadas en algún Estado miembro de la Unión Europea, cuya perturbación o destrucción afectaría gravemente al menos a dos Estados miembros, todo ello con arreglo a la Directiva 2008/114, del Consejo, de 8 de diciembre, sobre la identificación y designación de Infraestructuras Críticas Europeas y la evaluación de la necesidad de mejorar su protección (en adelante, Directiva 2008/114/CE).*

Por todo ello, el grado de implicación de la ciberinteligencia es más que significativo y de ahí que se cuente no sólo con mecanismos y técnicas que se encarguen de prevenir ataques procedentes del ciberespacio y generar una protección efectiva, sino que se dispone de diversos organismos encargados de realizar tal labor.

Uno de esos organismos, el cual se encuentra encuadrado dentro del Ministerio del Interior y desarrolla las misiones que les son enco-

---

157 Ver completa *Resolución de 8 de septiembre de 2015, de la Secretaría de Estado de Seguridad, por la que se aprueban los nuevos contenidos mínimos de los Planes de Seguridad del Operador y de los Planes de Protección Específicos: BOE-A-2015-10060 Resolución de 8 de septiembre de 2015, de la Secretaría de Estado de Seguridad, por la que se aprueban los nuevos contenidos mínimos de los Planes de Seguridad del Operador y de los Planes de Protección Específicos.*

mendadas por la Secretaría de Estado de Seguridad[158] es el Centro Nacional de Protección de Infraestructuras Críticas[159]. También conocido por el acrónimo CNPIC.

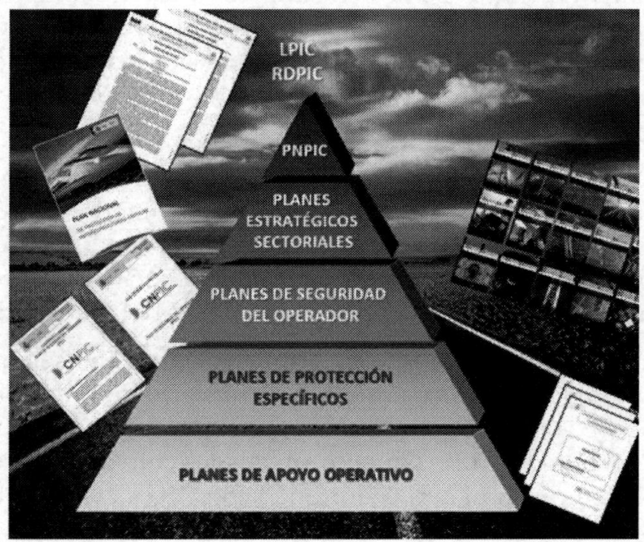

Creado en 2007 bajo el amparo del art. 7 de la anteriormente citada *Ley 8/2011, de 28 de abril, por la que se establecen medidas para la protección de las infraestructuras críticas,* El Centro Nacional de Infraestructuras Críticas se encarga de establecer sistemas que garanticen la protección, prevención, así como mitigación de daños y ataques a las infraestructuras críticas. Operando por todo el territorio nacional, a nivel público y privado.

Se trata de un gran exponente en lo que a la seguridad y defensa de las infraestructuras críticas (en todo su conjunto) del estado español respecta. Además, sus atribuciones también son de incumbencia internacional, pues el CNPIC se trata del enlace entre España y los centros y organismos de infraestructuras críticas de los estados miembros de la Unión Europea, incluyendo a países terceros.

---

158 Información completa sobre la Secretaría de Estado de Seguridad: Ministerio del Interior | Secretaría de Estado de Seguridad

159 Página web oficial del CNPIC: CNPIC | Inicio (interior.gob.es)

Por lo que la colaboración y cooperación en este sentido son elementos presentes, a la par que vitales teniendo en consideración el terreno en el que se desenvuelve.

Sin embargo, como hemos adelantado, no se trata del único organismo que vela por las infraestructuras críticas de la nación. Pues existe un variado elenco de actores que prestan servicios y soportes para el sector público y privado. Además, en ocasiones se crean fusiones.

Como por ejemplo, el *servicio de respuestas 24x7 para infraestructuras críticas*[160] establecido entre INCIBE y la Oficina de Coordinación de Ciberseguridad, conocido también en su versión abreviada como OCC. Dicho servicio se encarga de gestionar incidentes de los que puedan ser susceptibles los operadores críticos del sector privado.

Respecto de la Oficina de Coordinación de Ciberseguridad, se trata de un órgano técnico adscrito al Ministerio del Interior, siendo su campo de actuación el territorio español. Las atribuciones de la OCC se encuentran directamente vinculadas con la ciberseguridad, por lo que en dicha materia coordina la Secretaría de Estado de Seguridad.

Creada en 2014 desarrolla diversas funciones, como son:

- Ser asesora de ciberseguridad del Secretario de Estado de Seguridad
- Gestión del canal permanente de alerta temprana sobre ciberamenazas, ciberataques y vulnerabilidades
- Administración coordinadora entre los Cuerpos y Fuerzas de Seguridad del Estado, Secretaria de Estado de Seguridad e INCIBE en el terreno de ciberseguridad.
- Enlace para intercambio de información en materia de ciberseguridad a nivel nacional e internacional.
- Punto de contacto para España con la Unión Europea y los países miembros en ciberseguridad operativa.

---

160 Acceso online al servicio: Respuesta 24x7 para Infraestructuras Críticas | INCIBE-CERT | INCIBE

Por lo que, la presencia y desarrollo de las competencias de la Oficina de Coordinación de Ciberseguridad, es imprescindible para el estado y el resto de actores que configuran el escenario internacional. Además, es otro órgano directamente relacionado con la ciberinteligencia.

Como puede apreciarse, la respuesta a incidentes de seguridad abrió su ámbito de aplicación a las tecnologías en su más amplio sentido, cuando contempló el impacto del ciberespacio en todas las áreas que constituyen un estado. Incluyendo los ciberincidentes y generando de tal modo, organismos, entidades, instituciones y equipos para gestionar los mismos y configurar todo un entramado que fuese eficaz, operativo y certero en sus misiones.

Por ello, el abanico normativo relativo a esta materia se reformó, aplicando inclusiones de manera parcial sobre ciberinteligencia y ciberseguridad, como por ejemplo la *Ley 34/2002, de 11 de julio, de servicios de la sociedad de la información y de comercio electrónico*[161].

O por ejemplo, el *Real Decreto 521/2020, de 19 de mayo, por el que se establece la organización básica de las Fuerzas Armadas*[162] y también la *Orden DEF/710/2020, de 27 de julio, por la que se desarrolla la organización básica del Estado Mayor de la Defensa*[163]. Sin olvidar a la promulgación en 2004 del *Real Decreto 421/2004, de 12 de marzo, por el que se regula el Centro Criptológico Nacional*[164].

---

161 Lectura completa *Ley 34/2002, de 11 de julio, de servicios de la sociedad de la información y de comercio electrónico*: BOE-A-2002-13758 Ley 34/2002, de 11 de julio, de servicios de la sociedad de la información y de comercio electrónico.

162 Lectura completa *Real Decreto 521/2020, de 19 de mayo, por el que se establece la organización básica de las Fuerzas Armadas*: BOE-A-2020-5190 Real Decreto 521/2020, de 19 de mayo, por el que se establece la organización básica de las Fuerzas Armadas.

163 Lectura completa *Orden DEF/710/2020, de 27 de julio, por la que se desarrolla la organización básica del Estado Mayor de la Defensa*: BOE-A-2020-8638 Orden DEF/710/2020, de 27 de julio, por la que se desarrolla la organización básica del Estado Mayor de la Defensa.

164 Lectura completa *Real Decreto 421/2004, de 12 de marzo, por el que se regula el Centro Criptológico Nacional*: BOE-A-2004-5051 Real Decreto 421/2004, de 12 de marzo, por el que se regula el Centro Criptológico Nacional.

Denominado en sus inicios como CERT Gubernamental Nacional español, El Centro Criptológico Nacional, vió la luz en 2006 y se trata de un organismo adscrito al CNI. Su misión y objetivos a cumplir se desenvuelven en el entorno del ciberespacio, por lo que la ciberseguridad es su especialidad.

Por lo que entre sus funciones encontramos la gestión de incidentes, generación y sostenimiento de sistemas de alerta tempranas, auditorías, ingeniería, análisis de ciberseguridad y cumplir con los parámetros establecidos en el Esquema de Seguridad Nacional, entre otras.

Como cabría esperar, la legislación española tuvo que adaptarse a un sin fin de transformaciones normativas, tanto para adaptar la existente e imprescindible como para abrir paso a las nuevas leyes inherentes a la era digital.

De tal manera, que casi todas las ramas del derecho español se vieron necesitadas de revisión. En este sentido, podría interpretarse que el ámbito jurídico podría haberse visto en la típica circunstancia de "renovarse o morir" o bien, considerar que en su esencia, el derecho se trata de eso justamente, adecuarse al momento histórico existente, al mismo tiempo que prosigue dotando de herramientas y mecanismos a su legislación para que cumpla con su cometido, que no es otro que instaurar orden, resolver conflictos y sobre todo, garantizar un sistema donde los derechos y las libertades sean elementos reales a disposición de sus ciudadanos.

Es por ello, que el derecho civil y penal español también vieron como sus codificaciones se aclimataban tomando consciencia de un nuevo elemento presente en la escena, el ciberespacio. Modificaciones parciales en los articulados o bien, inserción de nuevas figuras (como por ejemplo, la figura del delito de fraude hubo de adaptarse a los ciberataques basados en el fraude, pero cubriendo todas sus variantes. O por ejemplo, la suplantación de identidad en el ámbito del ciberespacio) a fin de tipificar acciones u omisiones que únicamente podrían desarrollarse en ese espacio intangible propiciado por la digitalización.

La jurisprudencia comenzó a establecer doctrina, los profesionales del derecho comenzaron a redactar nuevos manuales, así como publicaciones que abordaban dichos cambios y se abrió paso al debate. Un ejemplo de ello, podemos encontrarlo en el escrito de *Moisés Barrio Andrés "La Ciberdelincuencia en el derecho español"*[165].

Respecto de la ciberdelincuencia, algunas de las evoluciones normativas parciales se realizaron sobre el *Real Decreto de 14 de septiembre de 1882 por el que se aprueba la Ley de Enjuiciamiento Criminal*[166]. Además de, la *Ley Orgánica 10/1995, de 23 de noviembre, del Código Penal*[167] y la *Ley Orgánica 5/2000, de 12 de enero, reguladora de la responsabilidad penal de los menores*[168].

Sin lugar a dudas, uno de los mayores crecimientos normativos se dio sobre las telecomunicaciones y también la materia relacionada con la protección de datos, suceso ocurrido de igual modo en el resto de países que vimos con anterioridad. No obstante, se trata sólo de la antesala. Pues teniendo presente el ritmo vertiginoso al que continúa creciendo el ciberespacio y entrando en la escena las inteligencias artificiales, aún queda una ardua labor legislativa, acompañada de su inseparable compañera la ciberinteligencia.

---

165 *Barrio AndrésM. (2011). La ciberdelincuencia en el Derecho español. Revista De Las Cortes Generales, (83), 273-305. https://doi.org/10.33426/rcg/2011/83/473*

166 Ley de Enjuiciamiento Criminal de España: BOE-A-1882-6036 Real Decreto de 14 de septiembre de 1882 por el que se aprueba la Ley de Enjuiciamiento Criminal.

167 Código Penal español: BOE-A-1995-25444 Ley Orgánica 10/1995, de 23 de noviembre, del Código Penal.

168 Ley Orgánica 5/2000, de 12 de enero, reguladora de la responsabilidad penal de los menores: BOE-A-2000-641 Ley Orgánica 5/2000, de 12 de enero, reguladora de la responsabilidad penal de los menores.

Capítulo 4

Marco jurídico comparado e internacional

A día de hoy, casi todas las personas, incluidas las menos duchas en ciberinteligencia y ciberseguridad, conoce o ha escuchado sobre la existencia de organismos internacionales que velan por la seguridad del ciberespacio, realizando así mismo una incesante labor de concienciación.

De ahí se desprende un concepto al que hicimos alusión anteriormente, la cooperación internacional. Y el motivo de reiterar nuevamente sobre la misma idea, se debe a su importancia, por lo que merece que le dediquemos unas líneas al respecto.

La cooperación internacional se trata de un elemento clave, para asegurar el éxito o el fracaso de todos los esfuerzos invertidos para establecer y garantizar entornos seguros y libres de ciberamenazas. Si bien es cierto, que a veces se trata de un aspecto delicado por varios motivos, como por ejemplo:

- *Tensiones/animadversión:*

  Tensiones existentes previas por motivos históricos o políticos entre los países o al menos, dos de ellos, que pretenden entablar una relación de cooperación. Por lo que, se precisa de un período preliminar de negociaciones donde la diplomacia o ciberdiplomacia debe incursionar.

- *Negativa:*

  Una variable del ejemplo anterior, en la que ni siquiera cabría lugar a un período para intentar limar asperezas o de darse el mismo, el resultado sería negativo. Dando como resultado la imposibilidad de establecer el vínculo de cooperación.

- *Amenaza/atacante:*

  Otra variable podría ser que no se pudiera generar entre un conjunto de países o dos, tal relación de colaboración, porque uno de ellos fuera el origen de la ciberamenaza o directamente se tratase del estado ciberatacante.

- *Acuerdos previos:*

  O bien, pudiera darse el caso de que uno de los países que pretendiera entrar a formar parte del sistema de cooperación, tuviera firmado o concertado con otro conjunto de países un acuerdo de cooperación previo. Lo que podría ocasionar una incompatibilidad. Aunque este caso sería más complejo.

No obstante, para comprender mejor la importancia de la cooperación internacional en materia de ciberinteligencia y ciberseguridad imaginémonos el siguiente escenario empleando actores ficticios:

Siendo el entorno donde se desarrollarán los sucesos que veremos a continuación el ciberespacio, nos encontramos con 5 países. A,B,C,D, y E. Los dos primeros —A y B— poseen casi el mismo número de población, infraestructuras críticas y PIB similar, pero una alta tasa de incidentes en ciberseguridad. Los actores C, D y E con menos poder adquisitivo, se encuentran en desarrollo y deciden crear una unión económica para prosperar, que después abarca más sectores.

A y B, contemplan como esos tres países comienzan a desarrollarse tecnológicamente y tienen buenas políticas de ciberseguridad, pero carecen actualmente de servicios de ciberinteligencia experimentados, aunque con un gran potencial, pues en los últimos meses han logrado detener un ataque ransomware que amenazó al estado D y podría haber afectado a C y E.

Tras varias reuniones celebradas entre los 5 países deciden crear un marco de cooperación internacional, interconectando a sus organismos de ciberinteligencia, ciberseguridad e Inteligencia. De manera que puedan contar con una alerta temprana, detección de amenazas y protocolos de actuación frente a ciberataques.

A y B logran descender significativamente su tasa de incidentes de ciberseguridad y C,D y E consiguen elevar el nivel de sus agentes y organismos, generando así un sistema eficaz y un entorno seguro para su población, lo que le permite continuar con su crecimiento como nación.

Visto nuestro ejemplo, es deducible que en la "vida real" la cooperación internacional no resulta tan simple, ni tan sencilla, requiere de un alto nivel de involucración, concreción de objetivos a corto, largo y medio plazo, además de unos marcos jurídicos sobre los que establecer alcance, límites, garantías, obligaciones y derechos para sus integrantes. Así pues, se ha tratado de otro elemento que ha visto su evolución normativa en lo relativo a la ciberinteligencia y ciberseguridad.

Empero, en lo que concierte a la comunidad internacional el esfuerzo tuvo una doble vertiente, ya que hubo que hacer frente a ese agente nuevo que se insertaba en el panorama, como lo fue el ciberespacio. Y además, armonizar las distintas legislaciones para evitar futuros problemas.

En lo que respecta a ese "nuevo agente", el patrón lógico consistió en primera instancia, en conocer su capacidad y repercusión presente e intentar prever la futura. Hecho para lo cual, antes de proceder a activar a los legisladores sin un rumbo fijo, fue imprescindible la tarea de investigar, analizar y tomar decisiones sobre qué aspectos habría que regular primero, por qué y para qué.

Así pues, para paliar la limitación e incertidumbre que supone lo desconocido, el primer paso que hay que dar es adentrarse en la fase de conocimiento, comprensión, análisis y posterior acción. O lo que es lo mismo, " preguntar a los que saben".

Recordemos que antes de que internet fuera lo que es a día de hoy, el conocimiento sobre informática, ordenadores, programación y desarrollo no se encontraba muy extendido, ni al alcance de todos. Además, disponer de esos conocimientos en muchas ocasiones no era nada sencillo, pues dicho conocimiento únicamente podía obtenerse en algunas universidades, bibliotecas especializadas o revistas y artículos, a los cuales no siempre era sencillo acceder.

No obstante, pese a los obstáculos se pudo contar con grandes figuras que compartieron su sabiduría y permitieron que poco a poco, se generase toda una cultura sobre informática, ordenadores, sistemas e internet. Tal es así, que las obras literarias que crearon perduran a día de hoy y en muchos casos no sólo continúan siendo una buena e interesantísima base para comenzar a labrar el terreno de nuestra mente y posteriormente sembrar más conocimientos.

Una de esas figuras fue *Norbert Wiener*, filósofo y matemático, quien siendo natural de Estados Unidos obtuvo un amplio bagaje cultural gracias a sus estadías en diversos países de la comunidad internacional.

Este elemento sumado a su ingenio, alto intelecto e intereses, lo llevó a ganarse el título de " Padre de la Cibernética". Siendo además, precursor de la Teoría de la Comunicación, entre otros. Una de sus más grandes obras fue "*Cybernetics: Or Control and Communication in the Animal and the Machine*[169]" de 1948.

De hecho, fue en esa obra donde apareció por primera vez el término "cibernética[170]" relacionado con el contexto de las comunicaciones y pese a desatar discusión entre los expertos y sociedad en general por su contenido, sembró precedentes sobre informática, ordenadores, telecomunicaciones e ingeniería informática. Sin obviar el concepto de "feedback" relativo al flujo de datos e informaciones.

Asimismo, continúa siendo una figura de renombre en la actualidad, empleándose sus obras y teorías para impartir conocimientos en diversas ramas tecnológicas. Y no sólo en lo que respecta a tecnología e informática, pues era versado sobre filosofía, sociología, psicología

---

169 Vista preliminar del libro *Cybernetics: Or Control and Communication in the Animal and the Machine* a través de *Google Books*: Cybernetics Or Control and Communication in the Animal and the Machine - Norbert Wiener - Google Libros

170 Cibernética; *"...cultismo que fue acuñado como cybernétique por primera vez en francés hacia 1830, para referirse al arte de gobernar. El significado actual, 'teoría de los procesos de control y comunicación', fue introducido por primera vez en inglés, en los años cuarenta del siglo XX, por el matemático estadounidense Norbert Wiener, y cibernética se incorporó al Diccionario de la Real Academia Española en 1956"* Vía: cibernética | Castellano - La Página del Idioma Español = El Castellano - Etimología - Lengua española

y otras ciencias donde también influyó significativamente En cuanto a su relación con el derecho, existe doctrina que considera que *Norbert Wiener* abrió las puertas al nacimiento del Derecho Informático, como el autor J.Téllez[171]. Pues en sus obras puede apreciarse como establece las conexiones entre las cibernética, sociedad, derecho, información y comunicaciones. Pudiera parecer incluso que estuviera vislumbrando con años de antelación la llegada del ciberespacio en su versión más genuina.

Así pues, tras esa breve referencia comenzaremos a indagar sobre la evolución normativa a nivel internacional de la ciberinteligencia. Para ello, acudiremos al primer tratado internacional, el cual se materializó el 23 de noviembre del año 2001 en Budapest, mundialmente conocido como "El Convenio de Budapest sobre cibercriminalidad" o "Convenio sobre Cibercriminalidad[172]"

European Treaty Series - No. 185

Convention on Cybercrime

Budapest, 23.XI.2001

Preamble

The member States of the Council of Europe and the other States signatory hereto,

Considering that the aim of the Council of Europe is to achieve a greater unity between its members;

Recognising the value of fostering co-operation with the other States parties to this Convention;

Convinced of the need to pursue, as a matter of priority, a common criminal policy aimed at the protection of society against cybercrime, *inter alia*, by adopting appropriate legislation and fostering international co-operation;

---

171 Téllez, J. Derecho Informático. 4ta. Edición. México: McGraw-Hill. 2009.

172 Vista completa del Convenio de Budapest de 2001 (en inglés) CETS 185 - Convention on Cybercrime (coe.int) (español) BOE-A-2010-14221 Instrumento de Ratificación del Convenio sobre la Ciberdelincuencia, hecho en Budapest el 23 de noviembre de 2001.

Habiendo sido promovido e impulsado por el Consejo de Ministros del Consejo de Europa, la pretensión del Convenio de Budapest, fue crear un marco legislativo común en materia de ciberdelitos para todos aquellos estados que desearan adherirse a él. En el año 2022 sumaron un total de 81 países, entre los estados parte y los observadores invitados[173].

Con el Convenio de Budapest el Consejo de Europa realizó un llamamiento a la cooperación internacional ante la problemática surgida a raíz de la aparición de los ciberdelitos, ciberdelincuentes y los grupos criminales organizados que comenzaban a hacer del ciberespacio su sede y entorno de actuación.

Contratiempos que de hecho, en mayor o menor grado, se habían propagado a nivel internacional y se preveía que más pronto que tarde, aumentarían. Tanto en número como en dificultad a la hora de aplicarles una solución eficiente y que al mismo podrían en muchos casos dejar indemnes a sus autores por carencia de regulación normativa previa.

De ahí, la necesidad de establecer un marco normativo que sin entrar en disputa con las legislaciones internas de los países, pudieran generar un sistema común, a través del cual los sistemas jurídicos de los estados miembros estuvieran en armonía en este contexto y no dejaran sin escapatoria a los cibercriminales.

Como era esperable, introducir un marco normativo de ámbito internacional en materia de cibercriminalidad dentro de los sistemas legislativos de cada país, precisó que éstos previamente realizasen a nivel interno las pertinentes modificaciones a fin de evitar colisiones entre normas y además, aclarar criterios jurídicos para que así el personal judicial de cada nación supiera a qué atenerse, qué normas aplicar según el hecho a juzgar y así evitar dilaciones innecesarias.

El Convenio por su parte, en primer lugar estableció criterios definidores de cada término empleado, como por ejemplo, qué se debía entender por "sistema informático" o "datos informáticos", en-

---

173 Vid. pág 2. "*Adhesión al Convenio de Budapest sobre la Ciberdelincuencia: Beneficios*". Consejo de Europa: 1680a6f9f4 (coe.int)

tre otros. De tal manera que no hubiera margen a la ambigüedad o confusión terminológica, pues los países partes del Convenio no compartían un mismo idioma y así, se solventaba la barrera lingüística e interpretativa.

Posteriormente, insertó los procedimientos prescriptivos para la aplicación de los preceptos desarrollados en el convenio a los sistemas legislativos de cada nación. Pues recordemos, que si a nivel estatal para añadir una nueva norma, según su rango, categoría, ámbito y extensión, es necesario incluir reformas en otros artículos, como por ejemplo de derecho civil, penal o procesal, este caso no fue una excepción.

Entre los delitos que reguló, se encontraban:

1. Delitos contra la confidencialidad, la integridad y la disponibilidad de los datos y sistemas informáticos
2. Delitos informáticos
3. Delitos relacionados con la pornografía infantil
4. Delitos relacionados con infracciones de la propiedad intelectual y de los derechos afines

Entendiéndose el ámbito de desarrollo de todos ellos en el ciberespacio, sin obviar las posibles variantes. Como que por ejemplo en ciertos delitos informáticos, en ocasiones internet, las redes o sistemas son los instrumentos preparatorios para una posterior comisión en un entorno físico o viceversa.

En el año 2003 se sumó al Convenio de Budapest, el *Protocolo adicional al Convenio sobre la Ciberdelincuencia relativo a la penalización de actos de índole racista y xenófoba cometidos por medio de sistemas informáticos, hecho en Estrasburgo el 28 de enero de 2003*[174]. La finalidad del Protocolo

---

[174] Lectura completa *Protocolo adicional al Convenio sobre la Ciberdelincuencia relativo a la penalización de actos de índole racista y xenófoba cometidos por medio de sistemas informáticos, hecho en Estrasburgo el 28 de enero de 2003*: BOE-A-2015-793 Instrumento de Ratificación del Protocolo adicional al Convenio sobre la Ciberdelincuencia relativo a la penalización de actos de índole racista y xenófoba cometidos por medio de sistemas informáticos, hecho en Estrasburgo el 28 de enero de 2003.

adicional (posteriormente, protocolo primero) fue definir y establecer los parámetros para regular, perseguir y sancionar todos aquellos comportamientos de índole racista y xenófoba desarrollados a través de cualquier medio informático. Por comportamiento racista o xenófobo, podemos entender insultos, vejaciones y cualquier tipo de conducta resultante de menospreciar, humillar o atentar contra la integridad y dignidad de una persona por el mero hecho de su etnia o nacionalidad.

Unos años después, en el 2022 se introdujo el "*Segundo Protocolo adicional al Convenio sobre la Ciberdelincuencia, relativo a la cooperación reforzada y la revelación de pruebas electrónicas*[175]. Con esta nueva incorporación al Convenio la pretensión fue generar y extender un sistema más óptimo en el contexto de la cooperación internacional relativa a la ciberdelincuencia. Comprendiendo igualmente, la necesidad de fortalecer las metodologías y herramientas para ejecutar investigaciones, tanto a nivel nacional en cumplimiento del Convenio como internacionalmente entre varios países parte.

Tomado en consideración el Convenio de Budapest a nivel internacional, unos años después y como consecuencia de una batería de ciberataques, nació la "Declaración de Tallín" de manos de Estonia. No obstante, para comprender mejor por qué surgió y cuál fue su repercusión, en primer lugar conoceremos la historia que motivó que la Declaración naciese.

Siendo el año 2007 Estonia decidió comenzar a retirar monumentos soviéticos que se encontraban en ciertas localizaciones del país para trasladarlos a museos. Dicho acto, fue tomado por algunos civiles como una ofensa y comenzaron a desatarse polémicas y manifestaciones.

No obstante, esos sucesos no supusieron para el país algo más que un mero disturbio temporal. Sin embargo, no sólo un sector de la

---

175 Lectura completa *Segundo Protocolo adicional al Convenio sobre la Ciberdelincuencia, relativo a la cooperación reforzada y la revelación de pruebas electrónicas: BOE.es - DOUE-L-2023-80291 Segundo Protocolo adicional al Convenio sobre la Ciberdelincuencia, relativo a la cooperación reforzada y la revelación de pruebas electrónicas.*

población reaccionó ante la decisión de Estonia, ya que Rusia, quien por aquel entonces ya comenzó sus andanzas en atacar a otros países mediante el uso de medios informáticos y el ciberespacio gracias a su alto nivel en ciberinteligencia y personal cualificado en sus servicios de inteligencia, no tardó en manifestar su descontento.

Concretamente, la disputa se desató por la retirada del monumento del soldado de bronce soviético de la capital del país, Tallín.

Hecho ante el cual, Estonia hubo de hacer frente a la protestas y a una oleada de ciberataques que comenzaron a dirigirse contra las páginas webs y sistemas de sus administraciones e instituciones.

Achacada la autoría a Rusia, directa o indirectamente, bien a grupos de hackers instigados por el gobierno según unas fuentes o por cuenta propia, según otras. Sea como fuere, la involucración rusa fue un hecho.

Por aquel entonces, la especialización y el nivel en ciberinteligencia y ciberseguridad de Estonia, lógicamente no es el que ha logrado a día de hoy. Sin embargo, los ciberataques padecidos finalmente se convirtieron en el motor impulsor para el país, cuya presidencia decidió emprender y años más tarde en 2017 lanzó la Declaración de Tallín, cuya pretensión era instaurar las bases para generar un sistema de gobierno electrónico. La iniciativa se ideó para que su desarrollo tuviera un plazo de cinco años, para una posterior revisión, actualización y análisis.

En cuanto al contenido de la Declaración, la misma albergaba:

1. *Digital por defecto, inclusión y accesibilidad.*

2. *Principio de una sola vez (once-only).*

3. *Confianza y seguridad.*

4. *Apertura y transparencia.*
5. *Interoperabilidad por defecto.*
6. *Habilitadores horizontales*[176].

La Comisión Europea valoró positivamente la iniciativa de la nación, por lo que se adaptó al marco común de la Unión Europea y los estados miembros los suscribieron. Pues esta medida permitiría implementar mecanismos de ciberseguridad en base a la ciberinteligencia y así, proteger los los portales oficiales de las instituciones, entidades y administraciones de posibles ciberataques.

Lamentablemente para Estonia, esta no sería la única vez que debería hacer frente a ciberataques masivos. Pues como si un *Déjà vu* se tratase, cinco años más tarde en 2022 volvió a padecer ciberataques masivos y por los mismos motivos, retirada de monumentos soviéticos de sus calles. En este caso fue un tanque.

Por dicha retirada, el país recibió ciberataques en masa. No obstante, en esta ocasión debido a su avance en ciberseguridad y contar con altas capacidades en lo que a ciberinteligencia se refiere, implementó medidas y protocolos de protección, contaba con sistemas y redes reforzadas, así como buenas instituciones encargadas de velar por Estonia en el ciberespacio, así que superó con éxito las agresiones. Siendo los daños padecidos los mínimos, demostrando que la nación había evolucionado tecnológicamente y que en el entorno digital ya no era aquel país vulnerable que una vez fue.

Las informaciones desvelaron que la autoría de los ciberataques correspondía a un grupo de *hacktivistas*[177] prorrusos cuya especialidad son los ataques DDoS, entre otros. Grupo que no sólo se carac-

---

[176] Fuente: Los ministros digitales europeos firman la Declaración de Tallin sobre administración electrónica – Consorci AOC

[177] Definición *hacktivista* vía KeepCoding.io: "*...individuo que abusa de una red o una aplicación web con el fin de promover alguna causa social o política. Los hacktivistas tienden a hacer ataques de denegación de servicio, defacement, exfiltración de datos y más. Dos de los grupos de hacktivismo más reconocidos han sido Anonymous y Lulz Security. Estos grupos anónimos de hackers vulneraron sitios de compañías y gobiernos con el objetivo de promover mensajes de activismo. El hacktivismo podría clasificarse dentro de la categoría del hacking de sombrero gris" ¿Qué es un hacktivis-*

teriza por su pericia y agresividad en sus ataques, sino también por encontrarse estructurado y organizado prácticamente siguiendo patrones militares.

Conocidos como *Killnet,* esta organización de *hackers* también vende sus "servicios" y según las fuentes, se encuentra fuertemente vinculado al gobierno ruso. De hecho, en 2023 continúa siendo una amenaza latente a nivel del sector privado para multinacionales de diferentes países y a nivel estatal, contra sus infraestructuras críticas, administraciones e instituciones.

Otra de las iniciativas a nivel global que tuvo lugar años antes, en concreto en el 2002, surgió en el seno de la OCDE, la Organización para la Cooperación y Desarrollo Económico[178]. Teniendo carácter intergubernamental, la integran distintos estados del espectro internacional desarrollando políticas sobre materias como educación, elusión fiscal, conductas empresariales responsables, etc.

Si nos preguntamos por el origen de la OCDE, de una manera breve lo expondremos para así proporcionar más conocimientos, pues se trata de un elemento que nunca sobra y desgraciadamente suele tener tendencia a escasear.

La Organización para la Cooperación y Desarrollo Económico, nació de la OECE o lo que es lo mismo, Organización Europea de Cooperación Económica de 1948. La cual surgió como medio para impulsar el Plan *Marshall*[179] y así lograr que Europa pudiera recomponerse tras las consecuencias padecidas durante la Segunda Guerra Mundial.

Pues bien, en 2002 se adoptó lo que se conoció como "*Directrices de la OCDE para la Seguridad de los Sistemas y las Redes de Información: hacia una cultura de seguridad*[180]" el documento, distribuído en seis propó-

---

ta? | *KeepCoding Bootcamps* Sombrero gris: "*se utiliza para encontrar vulnerabilidades informáticas, sin la autorización del propietario de un sistema o aplicación*".

178 Página web oficial de la OCDE: Home page - OECD

179 Historia del Plan Marshall vía El Orden Mundial: ¿Qué fue el Plan Marshall? - El Orden Mundial - EOM

180 Acceso a la lectura del documento completo (versión en español) "*Directrices de la OCDE para la Seguridad de los Sistemas y las Redes de Información: hacia*

sitos centrales sentó las bases sobre las cuales los países miembros podrían comenzar a generar el pretendido entorno de seguridad:

- Generar entre los países miembros las simientes propicias para la expansión de la cultura de seguridad.
- Crear concienciación sobre la necesidad de generar métodos y protocolos óptimos de protección frente a los riesgos y amenazas del ciberespacio, métodos y protocolos de protección.
- Fomentar entre los países miembros una actitud tendente a alejarse de la desconfianza que generaban los nuevos medios tecnológicos, generando un marco de incertidumbre mínimo, máxima información y cooperación para la resolución de conflictos derivados del uso de los mismos.
- Instaurar un sistema que sirviera de referencia para prestar soporte a los países miembros y así lograr que los mismos pudieran aprehender conceptos sobre seguridad, principios éticos, políticas, prácticas, protocolos, etc. De manera que, posteriormente pudieran servirse de los mismos para implantarlos en sus territorios.
- Asentar un sistema de cooperación conjunta que provea a todos los miembros de información en cada aspecto que fundamenta la creación de las directrices.

Siendo sus principios "*concienciación, democracia, ética, responsabilidad, evaluación del riesgo, diseño, realización y gestión de la seguridad*". Y por último "*reevaluación*" para buscar y promover una constante mejora en lo concerniente al entorno cibernético, sistemas y redes.

La preocupación suscitada por el desconocimiento sobre cuál podría ser la futura capacidad de los ciberataques, así como la magnitud de los daños y cómo proteger de manera efectiva a las naciones y todos los actores internacionales. Y la percepción no sólo del ciberespacio como una amenaza, sino también como un entorno al cual sacarle más partido aún en beneficio de los estados y los ciudadanos, impulsó una incipiente tendencia de generar guías, estrategias, con-

---

una cultura de seguridad":OCDE_directrices_seguridad_SI.doc (hacienda.gob.es) venios y tratados con la esperanza de afianzar aún más la cooperación internacional e insertar todo un entramado interconectado que permitiese a sus integrantes proseguir con el proceso de digitalización, pero desde un marco de protección.

Estados Unidos, en la línea de generar nuevas alianzas y reforzar las ya existentes en pro de generar un marco de cooperación a nivel internacional que permitiese hacer un uso seguro de las tecnologías y en sí, del ciberespacio, lanzó en el año 2011 la "*International Strategy for Cyberspace*[181]".

INTERNATIONAL STRATEGY
FOR CYBERSPACE

Prosperity, Security, and Openness
in a Networked World

MAY 2011

La Estrategia Internacional para la Ciberseguridad de Estados Unidos, fue anunciada el día 16 de mayo de 2011 por la secretaria de Estado *Hillary Clinton* durante el mandato presidencial de *Barack Obama*.

En ella se contempló seis ámbitos sobre los que erigir los vínculos de colaboración, siendo el objeto central el ciberespacio. Entendiendo en este sentido, internet, plataformas digitales, etc. Los seis ámbitos fueron:

1. *Colaboración económica*

   Dotarse de un fondo con capital común, distribuyéndolo en tres sectores como son el desarrollo tecnológico, promoción

[181] Documento completo (versión inglés) "*International Strategy for Cyberspace*" de Estados Unidos, año 2011: international_strategy_for_cyberspace.pdf (archives.gov) // Documento informativo del IEEE: La estrategia internacional para el ciberespacio (ieee.es)

del comercio y configuración de un entorno favorable que velase por la propiedad intelectual.

2. *Ciberseguridad*

   Crear e implantar políticas, protocolos y medios imprescindibles para asegurar la protección de redes y sistemas, tanto a nivel nacional como internacional.

3. *Eficacia normativa*

   Producción de la legislación necesaria para responder ante la comisión, así como tentativa, de nuevos delitos de índole cibernética y no dejar indemnes a los ciberdelincuentes.

4. *Alianza militar*

   Mediante el empleo de la ciberinteligencia, colaborar activamente para efectuar estrategias a corto, medio y largo plazo y alertas tempranas frente a las ciberamenazas. A fin de proteger el entorno y las capacidades militares de cada país aliado.

5. *Gobernanza digital*

   Traslado eficaz y efectivo de los gobiernos al entorno digital, permitiendo así que puedan operar en todas sus áreas de acción, mientras velan por sus intereses y continúan desarrollándose.

6. *Crecimiento internacional*

   Prestar soporte que permita el crecimiento de las naciones y así éstas puedan progresar digitalmente, tanto en cuanto a capacidad de defensa como en infraestructuras tecnológicas.

7. *"Ciberdemocratización"*

   Velar por los derechos y libertades fundamentales de todos los nacionales de los países aliados, para que puedan desarrollarse libremente en el ciberespacio, en su esfera personal y profesional.

En resumen, una iniciativa a nivel internacional nacida de la necesidad de responder ante los nuevos retos procedentes del ciberespacio, mediante el uso de la ciberinteligencia para garantizar un espacio tendente a la seguridad, libre circulación de usuarios y uso responsable de los nuevos medios digitales.

Ya que, se interpretó que era deber de los gobiernos generar entornos cibernéticos seguros y libres de amenazas, con la capacidad necesaria para hacer frente a cualquier tipo de ciberataque, fuera quien fuere su autor y de tal modo, ofrecer un sistema de garantías realista y eficaz.

En la línea continuar con la tarea de concienciación sobre las ciberamenazas, la vulnerabilidad de las naciones que no estuvieran debidamente instruidas e instrumentadas y ofrecer herramientas para paliar cualquier tipo de desconocimiento, al mismo tiempo que se trataba de definir las notas para una buena gestión de la ciberinteligencia para su uso en defensa frente al ciberespacio, la Unión Internacional de Telecomunicaciones[182], también conocida por sus siglas "UIT", organismo perteneciente a las Naciones Unidas y creado en 1865. Siendo pues la responsable de la regulación normativa de ámbito internacional en materia de telecomunicaciones, publicó la "Guía para la elaboración de una estrategia nacional de ciberseguridad[183]" en 2017.

La UIT, cumpliendo con sus atribuciones lanzó dicha guía para ofrecer a los gobiernos de la comunidad internacional los parámetros y directrices necesarias para que así, instaurasen en sus países unas estrategias de ciberseguridad fiables y eficaces, de tal manera que las mismas les permitiera velar por la salvaguarda de sus estados en el ciberespacio.

De hecho, no es la única guía que publicó. Y en lo concerniente a las Naciones Unidas, se trata de un actor activo en lo que a ciberinteligencia y ciberseguridad respecta. Uno de los muchos ejemplos que podemos citar, es el "Compendio sobre ciberdelincuencia orga-

---

182 Página web oficial de la UIT: UIT: Comprometida para conectar el mundo (itu.int)

183 Acceso a la *guía* completa de la UIT (en español): D-STR-CYB_GUIDE.01-2018-PDF-S.pdf (itu.int)

nizada[184]" promovido por su oficina contra las drogas y el delito, más conocida como UNODC.

Organismo que desde que se fundó en 1997 le fue asignado el cometido de perseguir el narcotráfico y crímenes de trascendencia internacional.

No obstante, no sólo se crearon vínculos internacionales multilaterales. Ya que, en ciertas ocasiones surgieron uniones bilaterales que causaron el desconcierto del resto de países. Como por ejemplo fue el caso de China y Rusia en el año 2015, cuando ambas naciones decidieron firmar un tratado sobre ciberseguridad[185].

Concretamente el pacto concertado entre el Kremlin y China, consistió en un tratado basado en el no lanzarse ciberataques y además, cooperar en materia de ciberinteligencia. Incluyendo compartir datos e informaciones, recursos digitales y tecnológicos y apoyarse mutuamente frente a cualquier tipo de ciberataque, ciberamenaza y grupo organizado de cibercriminales.

ПРАВИТЕЛЬСТВО РОССИЙСКОЙ ФЕДЕРАЦИИ

РАСПОРЯЖЕНИЕ

от 30 апреля 2015 г. № 788-р

МОСКВА

О подписании Соглашения между Правительством Российской Федерации и Правительством Китайской Народной Республики о сотрудничестве в области обеспечения международной информационной безопасности

---

184 Acceso al Compendio sobre ciberdelincuencia organizada de la UNODC, año 2022: Compendio de Ciberdelicuencia Organizada (unodc.org)

185 Acceso al tratado firmado entre China y Rusia en el año 2015 (versión original en ruso): 5AMAccs7mSlXgbff1Ua785WwMWcABDJw - DocumentCloud

El pacto, fue contemplado a nivel internacional con cierto grado de incertidumbre y desconcierto, ya que teniendo en cuenta el historial de Rusia sobre sus actividades de ciberinteligencia y su hábito de enviar ciberataques contra otros países, una unión con China, podría llegar a suponer en un futuro una amenaza real.

Pues China, precisamente en el año 2009 causó un revuelo mundial que acaparó la atención de todos los medios de comunicación y gobiernos. De hecho, dicho suceso fue uno de los motivos por los cuales se consideró imperativo traer a la ciberinteligencia a la palestra y proveer a todos los países de las herramientas y medios necesarios para mantener unos estándares altos en ciberseguridad.

La alerta vino de parte de la oficina del Dalai Lama del norte de la India, pues según se anunció desde hace un tiempo, venían observando que sus sistemas informáticos podrían contener algún virus debido a que no funcionaban con la normalidad a la que estaban habituados.

Un grupo de investigadores de ámbito privado-público denominados "*Information Warfare Monitor*[186]" compuesto por expertos canadienses, quienes realizaban investigaciones de alto nivel para rastrear ciberdelitos, ciberespionaje, entre otros ilícitos relativos al ciberespacio y con repercusión en el sector estratégico (básicamente actividades de ciberinteligencia), comenzaron a investigar el suceso sin imaginar lo que descubrirían posteriormente.

La investigación duró diez meses y no por la falta de pericia de los expertos al cargo, sino por la magnitud de lo que fueron destapando. Y es que, efectivamente la oficina del Dalai Lama tenía razón cuando intuyó que algo sucedía en sus equipos informáticos. Lo que pasaba era que estaba siendo víctima de ciberespionaje.

---

186 Fundado en el año 2003 y se mantuvo activo hasta el año 2012.

Mapa de los países afectados por la red de ciberespionaje

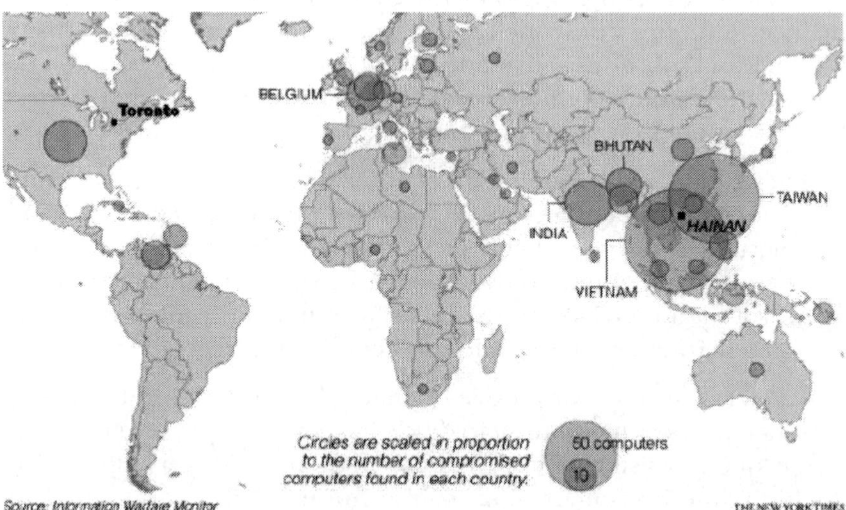

Fuente: *New York Times*. Mapa: propiedad de *Information Warfare Monitor.*

De hecho, también estaban siendo espiados consulados, embajadas, administraciones públicas, instituciones, multinacionales, etc. Un total de 103 países y nadie se había percatado. Lo que hizo que los gobiernos de los países afectados activaran protocolos de emergencia, debido a que la información catalogada como clasificada podría haberse robado y poner en jaque la seguridad de las naciones y los intereses de las mismas.

Los investigadores bautizaron a la red de ciberespionaje desconocida hasta el momento como "*GhostNet*" e informaron que con una alta probabilidad y certeza el origen de dicha red provenía de China, quien sería la ejecutora del ciberespionaje a esos 103 países.

El *Munk Center for International Studies*[187] canadiense también y especializada en la investigaciones, asuntos de materia global y política

[187] Página web oficial: Escuela Munk de Asuntos Globales y Políticas Públicas | La Escuela Munk (utoronto.ca)

internacional, publicó el informe de investigación[188] realizado por el equipo de expertos del *Information Warfare Monitor*.

En el informe de 53 páginas se recoge de manera estructurada, clara y directa toda la información recabada durante el transcurso de los diez meses que duró la investigación. Aportando datos e informaciones relevantes, así como los procesos ejecutados para poder sacar las conclusiones pertinentes, como por ejemplo el señalamiento a China.

Si resulta del interés del lector, se recomienda su lectura. Pues se trata de un informe real, profesional y un documento esclarecedor en cuanto al empleo de la ciberinteligencia para detectar amenazas, localizar áreas afectadas presentes o futuras, efectuar investigaciones y vislumbrar los procedimientos insertos en la misma, entre otros elementos inherentes a ella.

Además, puede ser una experiencia inmersiva y hacer las veces de soporte para comprender de una manera más cercana la evolución y consecuencias que trajo consigo el crecimiento del ciberespacio en los poderes públicos, sector empresarial y ámbito social.

En lo que respecta a la Unión Europea, también realizó una incesante y ardua labor por adecuarse tanto a ella misma y sus instituciones como a los países miembros ante la imparable entrada a la era digital. De hecho, a día de hoy, ha dejado una amplia huella legislativa al respecto y continúa invirtiendo esfuerzos por hacer de las tecnologías y el ciberespacio un entorno seguro, fiable y regulado.

Siendo el año 1995 publicó la *Directiva 95/46/CE del Parlamento Europeo y del Consejo, de 24 de octubre de 1995, relativa a la protección de las personas físicas en lo que respecta al tratamiento de datos personales y a la libre circulación de estos datos*[189]. Ulteriormente, amplió la legislación concerniente a la protección de datos, extendiéndola a los medios

---

188 Acceso al informe completo (en inglés) Vía Citizen Lab: Tracking GhostNet: Investigating a Cyber Espionage Network (citizenlab.ca)

189 *Vid. Directiva 95/46/CE del Parlamento Europeo y del Consejo, de 24 de octubre de 1995, relativa a la protección de las personas físicas en lo que respecta al tratamiento de datos personales y a la libre circulación de estos datos: BOE.es - DOUE-L-1995-81678 Directiva 95/46/CE del Parlamento Europeo y del Consejo, de 24 de*

electrónicos, con la *Directiva 2002/58/CE del Parlamento Europeo y del Consejo, de 12 de julio de 2002, relativa al tratamiento de los datos personales y a la protección de la intimidad en el sector de las comunicaciones electrónicas (Directiva sobre la privacidad y las comunicaciones electrónicas)*[190].

La función de la Directiva fue instaurar los parámetros necesarios que velasen por la seguridad y protección de los datos e informaciones de carácter personal a través de los medios de comunicación electrónico. Es decir, extender las garantías previamente recogidas en esta materia al ámbito digital. Incluyendo del mismo modo el criterio del consentimiento de los usuarios o consumidores. Así como, definiendo los términos para dotar de ilicitud a aquellas comunicaciones no deseadas por los consumidores, ni concertadas con anterioridad.

Al considerarse la intimidad y la privacidad como derechos fundamentales e inherentes a las personas, se expresó tajantemente que mediante ningún medio electrónico estos derechos podrían ser vulnerados. De tal manera, que en el caso de violar los preceptos los suministradores de dichos servicios (pues se contempla a la telefoná movil y los demás proveedores de productos tecnológicos y/o digitales) sería de aplicación la correspondiente sanción.

Transcurridos dos años desde la promulgación de la citada Directiva, nació en el seno de la Unión, la Agencia de la Unión Europea para la Ciberseguridad. Más conocida como ENISA[191], por su denominación en inglés "*European Union Agency For Cybersecurity*", gracias al *Reglamento (CE) nº 460/2004 del Parlamento Europeo y del Consejo, de 10*

---

octubre de 1995, relativa a la protección de las personas físicas en lo que respeta al tratamiento de datos personales y a la libre circulación de estos datos.

190 *Vid. Directiva 2002/58/CE del Parlamento Europeo y del Consejo, de 12 de julio de 2002, relativa al tratamiento de los datos personales y a la protección de la intimidad en el sector de las comunicaciones electrónicas (Directiva sobre la privacidad y las comunicaciones electrónicas): BOE.es - DOUE-L-2002-81371 Directiva 2002/58/CE del Parlamento Europeo y del Consejo, de 12 de julio de 2002, relativa al tratamiento de los datos personales y a la protección de la intimidad en el sector de las comunicaciones electrónicas (Directiva sobre la privacidad y las comunicaciones electrónicas).*

191 Página web Oficial: ENISA (europa.eu)

de marzo de 2004, por el que se crea la Agencia Europea de Seguridad de las Redes y de la Información[192].

Tras sucesivos reglamentos para actualizar las funciones y alcance de la ENISA, de acuerdo a las necesidades de cada etapa, aspectos que veremos a continuación, se publicó el *Reglamento (UE) 2019/881 del Parlamento Europeo y del Consejo, de 17 de abril de 2019, relativo a ENISA (Agencia de la Unión Europea para la Ciberseguridad) y a la certificación de la ciberseguridad de las tecnologías de la información y la comunicación y por el que se deroga el Reglamento (UE) nº 526/2013 («Reglamento sobre la Ciberseguridad»)*[193] el actual. La ENISA es el organismo por excelencia en materia de ciberseguridad de la Unión Europea, por lo que sus lazos con la ciberinteligencia son indiscutibles. Esta Agencia no sólo vela por la seguridad, protección y defensa cibernética de la Unión Europea como organización internacional y sus instituciones, también opera por y para los países miembros.

De manera que, entre sus funciones se incluyen la colaboración activa, soporte, información, políticas de seguridad, gestión, dotación de medios y herramientas necesarias para la implementación efectiva de medidas para mantener unos altos estándares en ciberseguridad. Prevención y mitigación de amenazas, así como análisis de riesgos y vulnerabilidad.

Asimismo, a propuesta de los países miembros con Enisa comenzó a desarrollarse en 2010 los *Cyber Europe,* ejercicios de simulación de ciberataques a gran escala sobre infraestructuras críticas involucrando a todos los estados, de tal manera manera, que gracias a dicha simulación podían localizarse vulnerabilidades, graduación de riesgos

---

192 Vid. *Reglamento (CE) nº 460/2004 del Parlamento Europeo y del Consejo, de 10 de marzo de 2004: BOE.es - DOUE-L-2004-80487 Reglamento (CE) nº 460/2004 del Parlamento Europeo y del Consejo, de 10 de marzo de 2004, por el que se crea la Agencia Europea de Seguridad de las Redes y de la Información.*

193 *Vid. Reglamento (UE) 2019/881 del Parlamento Europeo y del Consejo, de 17 de abril de 2019, relativo a ENISA: BOE.es - DOUE-L-2019-80998 Reglamento (UE) 2019/881 del Parlamento Europeo y del Consejo, de 17 de abril de 2019, relativo a ENISA (Agencia de la Unión Europea para la Ciberseguridad) y a la certificación de la ciberseguridad de las tecnologías de la información y la comunicación y por el que se deroga el Reglamento (UE) nº 526/2013 («Reglamento sobre la Ciberseguridad»).*

y mejoras de puntos fuertes. Todo un ejercicio de ciberinteligencia tendente a mejorar la ciberseguridad y capacidades de respuesta de los participantes.

Contando con un amplio abanico legislativo con implicación directa de la ciberinteligencia, persiguiendo hacer de la ciberseguridad una realidad y máximo exponente, debido al espíritu de superación de la Unión Europea y no amedrentarse ante la incertidumbre motivada por las amenazas contenidas en el ciberespacio al contemplarlo como un territorio no hostil, sobre el cual poder llevar a los países miembros hacia una era de evolución, destacan Estrategia de Ciberseguridad de la Unión Europea de 2013[194] y la Directivas conocidas como NIS, aunque no son las únicas.

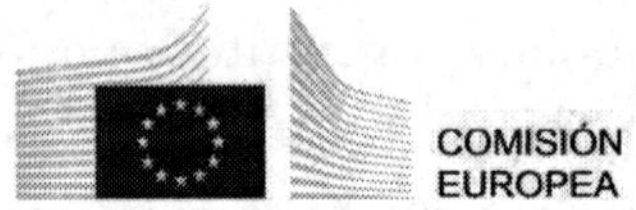

ALTA REPRESENTANTE DE LA UNIÓN EUROPEA PARA ASUNTOS EXTERIORES Y POLÍTICA DE SEGURIDAD

Bruselas, 7.2.2013
JOIN(2013) 1 final

COMUNICACIÓN CONJUNTA AL PARLAMENTO EUROPEO, AL CONSEJO, AL COMITÉ ECONÓMICO Y SOCIAL EUROPEO Y AL COMITÉ DE LAS REGIONES

Estrategia de ciberseguridad de la Unión Europea:

Un ciberespacio abierto, protegido y seguro

La Estrategia de Ciberseguridad de la Unión Europea se desarrolló sobre cinco puntos clave estratégicos, pues su motivación y pretensión era aumentar significativamente el nivel y capacidades de la Unión y sus países miembros en ciberseguridad. En primer lugar se estableció que se perseguía el lograr aumentar la resistencia y res-

194 Vid. Estrategia de Ciberseguridad de la Unión Europea de 2013 vía Consejo de Europa: pdf (europa.eu)

puesta frente a los incidentes y ciberataques, así como aminorar los tiempos de restablecimiento tras los mismos. Es decir, definió la ciberresiliencia.

Asimismo, se hizo hincapié en convertir a la ciberdelincuencia en una prioridad para combatirla y minimizar su incidencia, gracias al trabajo conjunto de los organismos, agencias y Cuerpos y Fuerzas de Seguridad de cada estado, así como los propios de la UE, pues se trataba (y de hecho, en la actualidad continúa siéndolo) una amenaza para todos los sectores, incluso el civil es el más vulnerable por los tipos de ciberataques existentes y que comentamos en capítulos anteriores.

Por ello, se fijó como necesidad disponer de medios, herramientas y recursos suficientes tanto físicos como digitales para todos los países miembros.

De tal manera, y ante una igualdad de medios, la cooperación y red de protección sería más eficaz. Mención hecha a la igualdad, también se persiguió la misma en términos de políticas comunes y estrategias sobre ciberseguridad. Incluyendo, el desarrollo tecnológico. Comprendiendo aquí dispositivos informáticos, softwares, redes y sistemas.

En cuanto a la Directiva NIS (*Network and Information System*), se publicó en el año 2016, bajo la denominación *Directiva (UE) 2016/1148 del Parlamento Europeo y del Consejo, de 6 de julio de 2016, relativa a las medidas destinadas a garantizar un elevado nivel común de seguridad de las redes y sistemas de información en la Unión*[195].

La decisión de crearla partió de la intención de continuar aumentando de manera generalizada para todos los países miembros el grado de seguridad en el ciberespacio, impulsándolos a continuar en la labor de integrar a sus naciones estrategias eficaces sobre ciberseguridad, reforzando sus infraestructuras críticas y además, proseguir aumentando sus capacidades tecnológicas, digitales y humanas en

---

[195] Vid. *Directiva (UE) 2016/1148 del Parlamento Europeo y del Consejo, de 6 de julio de 2016, relativa a las medidas destinadas a garantizar un elevado nivel común de seguridad de las redes y sistemas de información en la Unión*: L_2016194ES.01000101.xml (europa.eu)

cuanto a seguir formando no sólo a la población civil, sino también en la capacitación de su personal de modo que los mismos llegasen a ser unos profesionales experimentados.

Sin obviar la necesidad de establecer para las empresas de telecomunicaciones y tecnológicas, unos estándares mínimos de seguridad y de acuerdo a la legislación vigente y unos márgenes de garantías ineludibles para los consumidores. Ya fueran empresas de servicios o suministros. Añadiendo igualmente, los requisitos indispensables para hacer del comercio electrónico (sector al alza) un entorno viable para continuar con el desarrollo económico y financiero tanto del sector público como del privado.

Seis años más tarde, en el mes de octubre y a propuesta de la Comisión aparece el Reglamento de Ciberresilencia, el cual modificó el *Reglamento (UE) 2019/1020* y se denominó *Reglamento del Parlamento Europeo y del Consejo relativo a los requisitos horizontales de ciberseguridad para los productos con elementos digitales*[196].

Localizándose su fundamentación jurídica en el art 114 del TFUE donde se desarrollan los fundamentos para el establecimiento del mercado interior de la UE, el nuevo Reglamento buscaba uniformar a nivel comunitario, los parámetros y condiciones sobre ciberseguridad exigidos a los productos que contuvieran componentes digitales (físicos o no, debe entenderse en un sentido amplio), a la par que pretendió deshacerse de cualquier barrera presente o futura que pudiera impedir el flujo del mercado interior.

Dos meses después, apareció la versión actualizada de la Directiva NIS, la Directiva NIS 2.0, bajo el título *Directiva (UE) 2022/2555 del Parlamento Europeo y del Consejo, de 14 de diciembre de 2022, relativa a las medidas destinadas a garantizar un elevado nivel común de ciberseguridad en toda la Unión, por la que se modifica el Reglamento (UE) nº 910/2014 y la Directiva (UE) 2018/1972 y por la que se deroga la Directiva (UE) 2016/1148 (Directiva SRI 2)*[197].

---

196 Vid. *Reglamento del Parlamento Europeo y del Consejo relativo a los requisitos horizontales de ciberseguridad para los productos con elementos digitales: pdf (europa.eu)*

197 Vid. Directiva NIS 2: L_2022333ES.01008001.xml (europa.eu)

La nueva Directiva nacida después de que se viviera a nivel mundial la pandemia del COVID-19 pretendía innovar legislativamente en materia de ciberseguridad proyectándose desde la ciberinteligencia, continuando en su línea de elevar al máximo el nivel de protección y seguridad en el ciberespacio de los estados miembros.

Por su parte, pese a que durante el año 2023 se ha caracterizado por ser un etapa cargada de desafíos para la UE por la Guerra Rusia-Ucrania, otros focos de tensión en el ámbito internacional suscitado por contiendas existentes desde antiguo como la conocida entre Grecia y Turquía por Chipre, etc. Así como, la puesta en marcha de todos sus proyectos en materia de transición energética, la Unión anunció en junio el nacimiento de la primera normativa sobre la Inteligencia Artificial con la Ley de Inteligencia artificial de la Unión Europea, la cual se prevé que a finales de año haya terminado de perfilarse y se promulgue.

De otro lado, un mes más tarde se emitió un comunicado oficial proveniente del Consejo de la Unión Europea, donde se anunció que los estados miembros habían alcanzado un consenso, que dió como fruto una propuesta de armonización sobre los parámetros y condiciones aplicables a los productos digitales en concepto de ciberseguridad. Es decir, una propuesta para actualizar el Reglamento de Ciberresiliencia.

Asimismo, ha de tenerse en consideración a la OTAN, pues en el seno de la Organización del Tratado del Atlántico Norte, también se vivió una evolución multinivel motivada por la paulatina expansión del ciberespacio, así como adaptación de todos sus organismos al mismo. Creando equipos de respuesta ante ciberincidentes, operando desde el marco de la ciberinteligencia y colaborando activamente tanto con estados como con organizaciones internacionales. Incluyendo a la Unión Europea, con quien ha realizado varios ejercicios de simulación de ciberataques a gran escala con la finalidad de mitigar riesgos, localizar vulnerabilidades y adquirir capacidades de respuesta temprana.

Capítulo 5

Concepto jurídico de ciberinteligencia y sus aplicaciones

5.1. CONSIDERACIONES PRELIMINARES

Llegados al ecuador de la presente obra, quizás nos percatemos de que en en las citadas leyes, normas, directivas, reglamentos y demás herramientas jurídicas conformadoras de los sistemas legislativos de cada nación y organizaciones, no aparece en sus denominaciones ningún elemento o alusión directa a la ciberinteligencia.

Hecho que quizás pueda resultar extraño y que por tanto, no permita ayudar a comprender en qué grado o nivel la ciberinteligencia se ha insertado en los marcos jurídicos nacionales e internacionales, de tal manera que a día de hoy se trate de una de las ramas de la Inteligencia más importantes e imprescindibles.

Es por ello, que en el presente capítulo explicaremos más a fondo y de manera pormenorizada en qué consiste la ciberinteligencia. Para que así, pueda apreciarse la presencia de la misma en el campo del derecho, creando ese hermanamiento que ha dado lugar a la evolución normativa necesaria para contemplar al ciberespacio como un terreno no hostil y repleto de posibilidades tanto para los poderes públicos como para el desarrollo del sector empresarial y civil, en tanto en cuanto a su desarrollo personal.

Para ello, en primera instancia hemos de profundizar más en qué entendemos por ciberinteligencia, pues pese que desde unos inicios hemos ofrecido una definición de la misma, existen varias y ninguna es errónea. Todo depende de la época en la que se desarrolló, circunstancias, evolución de dicha rama de la inteligencia hasta el momento y contexto aplicable.

Prestando atención a su origen etimológico, debemos tener presente que se trata de una hibridación entre lo cibernético y la inteligencia, por tanto hemos de analizar por separado ambos conceptos. Recordemos que con anterioridad comentamos que el término cibernética fue recogido y puesto en el contexto del ciberespacio por primera vez de la mano de Norbert Wiener[198] y cuya etimología proviene del griego antiguo "*kybernêtikê*" que se definiría como el arte, capacidad o pericia al gobernar, que se aunó al adjetivo "*kybernêtikos*". De hecho, seguramente también hayamos visto en los albores de internet el término "cibernauta" que proviene del griego "*kybernaein*" que significa gobernar o manejar el timón y a "naus" que significa nave, pero que añadiéndole el sufijo -ta/e alude a quien realiza la acción de manejar la nave y en este contexto aplicado al ciberespacio se simplifica con el sustantivo de "usuario" de internet a grandes rasgos.

En cuanto al término "inteligencia" su origen griego del verbo "intellegere" que significa conocer. Viene a hacer alusión a la facultad o capacidad de entender, comprender, etc. Ahora bien, si unimos los dos términos obtenemos "ciberinteligencia" que hace referencia al ciberespacio y la capacidad de obtener conocimientos (información) de él.

Como tal, sería su definición "en bruto". Sin embargo, como hemos comentado se han ofrecido distintas definiciones sobre la disciplina que constituye. En las XIV Jornadas del CCN-CERT[199] una de las ponencias fue realizada por José María Blanco[200] y Jorge Alcaín Pro[201] bajo el título *"Ciberinteligencia, pieza clave en la empresa en la era del desorden digital*[202]*"* y en ella recopilaron las definiciones que veremos a continuación sobre ciberinteligencia:

---

198 Vid. pág 85.

199 En 2023 se realizará la sexta jornada: Inicio - Jornadas STIC CCN-CERT (cni.es)

200 José María Blanco: *Licenciado en Empresariales y en Derecho Manager Oficina de Inteligencia y Prospectiva (Prosegur)*

201 Jorge Alcaín Pro: *Grado en Ingeniería Informática Business Solution Services Senior Consultant (PwC)*

202 Acceso a la lectura de las diapositivas de la ponencia, vía CCN-CERT: file.html (cni.es)

DEFINICIÓN Nº1:

"El conocimiento sobre los ciber-adversarios y sus métodos, además del conocimiento sobre la posición de seguridad de una organización sobre sus adversarios en el ciberespacio y sus métodos" (RSA,2012).

DEFINICIÓN Nº2:

"Los productos y los procesos del ciclo de inteligencia para analizar las capacidades, intenciones y actividades —no sólo técnicas— de los potenciales adversarios y competidores en el ciberespacio" (INSA, 2015).

DEFINICIÓN Nº3:

"La adquisición y análisis de información para identificar, seguir y predecir ciber-capacidades, intenciones y actividades que ofrezcan líneas de acción para apoyar la toma de decisiones" (Carnegie Mellon Software Engineering, 2013).

DEFINICIÓN Nº4:

"Proceso y producto de la obtención y análisis de datos e información en/sobre el ciberespacio, realizado por especialistas, y orientado a la toma de decisiones en forma, tiempo y lugar" (Javier Candau de CCN-CERT y Manuel Torres Soriano de GESI).

De acuerdo con los ponentes, la última definición trató de armonizar los diversos conceptos sobre ciberinteligencia. Pues en muchas ocasiones no había acuerdo unánime sobre el desarrollo de la descripción de esta ciencia, ya que se comprendía dentro de un ámbito tan amplio dentro del ciberespacio que era sencillo perderse en el camino de intentar hallar una definición sucinta.

5.2. CIBERINTELIGENCIA DENTRO DEL MARCO JURÍDICO DEL ENTORNO EMPRESARIAL

Clases de ciberinteligencia

Ya se emplee en un ámbito gubernamental o empresarial, esta rama de la inteligencia aplicada al mundo virtual se subdivide en tres tipos:

1. *Ciberinteligencia estratégica.*

   Se ocupa de la obtención de información a gran escala, pudiendo hacerse de ella a nivel global. La información que obtiene es sobre amenazas, enemigos, competidores o tendencias sobre ciberdelitos o grupos organizados de cibercriminales. Por lo que analiza también los entornos y riesgos.

2. *Ciberinteligencia táctica.*

   Esta tipología se encarga de obtener información sobre los ciberincidentes, empresariales o estatales de manera que permite analizarlos pormenorizadamente para anticiparse ante los posibles ciberataques futuros, de manera que así se mitigan las vulneraciones existentes, riesgos y las probabilidades de sufrir un daño considerable disminuyen significativamente.

3. *Ciberinteligencia técnica u operativa.*

   Su uso se centra en obtener información de las ciberamenazas y a razón de las mismas, analizar los riesgos y sus impactos posibles y probables. Por lo que es útil para apoyar a la toma de decisiones. Pues con ese proceso de análisis previo los decisores sabrán a qué atenerse en el caso de tomar X o Y decisión.

   El uso de un tipo, no excluye automáticamente a las dos restantes, todo dependerá del motivo por el cual se precise su aplicación, ámbito (empresa o estado) necesidad y resultado buscado o esperado. Por lo que es una aliada indispensable y cada vez más presente en nuestro entorno.

Como buena rama de la Inteligencia, la aplicación de la ciberinteligencia precisa de la aplicación de un ciclo conformado por varias etapas para su correcta puesta en marcha, así como desarrollo durante su tiempo de ejecución y resultados. En cuanto al número de fases con el que debe contar el ciclo de inteligencia, según del organismo o entidad de la que se trate definirá mínimo cuatro o seis (incluso más).

Por ejemplo, el CNI configura el ciclo de inteligencia[203] de la siguiente manera:

Fuente: Imagen propiedad del Centro Nacional de Inteligencia español.

No obstante, nosotros en el presente capítulo explicaremos el ciclo de Inteligencia compuesto por seis etapas para comprender su proceso:

1. *Planificación.*

   También conocida como dirección, es la etapa inicial y sobre la cual se desarrollará la "directiva de inteligencia" o el plan instructor. Es decir, en ella se fijarán los parámetros en base a los requisitos de inteligencia. O lo que es lo mismo, lo que se necesita saber o conocer. Se configurará la estructura pormenorizada de las siguientes fases, de los recursos disponibles, personal necesario, entorno de actuación, el marco temporal a corto, medio o largo plazo (que puede ser abierto o cerrado, según el objetivo). Y podrá ser fija o actualizarse. Definirá si es táctica, estratégica u operativa, etc. En resumen, será el órgano directivo quien fije todos los elementos imprescindibles para

203 La Inteligencia (cni.es)

la consecución de los objetivos, pues lo que se pretende es producir inteligencia que ayude a la toma de decisiones.

2. *Obtención.*

Como acabamos de mencionar durante la etapa de planificación se especifica el personal que se necesitará. Pues bien, la etapa de obtención suelen desempeñarla los conocidos como "obtenedores". Personal especializado en la recolección de datos e informaciones mediante técnicas de obtención especializadas. Como pueden ser OSINT, IMINT, SOCMINT, HUMINT, etc. Sin embargo, no significa que los analistas no sepan o no puedan desempeñar la tarea de localizar información. Se desconcentran tareas en primer lugar, para no dilatar en el tiempo cada fase más de la cuenta, pues un obtenedor especializado únicamente en esta fase, tendrá usualmente más habilidades para detectar más informaciones en menos tiempo y además, de esta manera se protege al analista de la infoxicación y posible aparición de sesgos cognitivos a la hora de la búsqueda. Sesgos que también deberá prevenir durante la fase de análisis.

3. *Procesamiento de la información.*

Durante esta fase, todos los datos e informaciones recopilados durante la etapa anterior, pasarán por varios filtros para que únicamente la información pertinente, veraz, viable y necesaria sea la que pase a la etapa de análisis.

4. *Análisis de la información.*

Siendo labor de los analistas, éstos sobre las informaciones disponibles y siendo conocedores de los requisitos de inteligencia que deben ser cubiertos, aplicarán las técnicas de análisis estructurado que consideren pertinente según el objetivo, tiempo disponible y tipo de informe requerido. Por lo que procederán a producir inteligencia que posteriormente quedará plasmada en el informe de inteligencia.

5. *Difusión.*

Consistente en la elaboración del informe de inteligencia (aunque no es la única manera de trasladar los resultados del análisis), es una fase que puede parecer la más simple, distando mucho de la realidad. Es crítica debido a que de nada servirá todos los esfuerzos, tiempo, capital y personal invertido en todas las fases anteriores si posteriormente el informe, que es la producción de inteligencia, no es entendido por el decisor, no es claro, no es directo y se encuentra plagado de contenido ambiguo, confuso o inconexo.

Por lo tanto, la etapa de difusión se caracteriza por ser la etapa donde se entrega al decisor la información resultante de todo el ciclo de inteligencia y que ayudará a este a la toma de decisiones. Ahora bien, la manera puede ser mediante el informe de inteligencia, oralmente o a través de una representación audiovisual.

La manera de concretar este parámetro se definirá sabiendo previamente qué es lo que quiere y necesita el decisor. Ya que, puede tratarse de un decisor/cliente que no quiera o no tenga tiempo de leer un informe, un decisor que prefiera que le transmitan oralmente los resultados o puede darse el caso, de que se trate de una persona que guste de un formato más dinámico como puede ser una presentación visual.

Los criterios aplicables a cada caso variarán, los únicos factores que deben primar en todos es: transmisión de la inteligencia clara, sencilla y directa. Sin rodeos, sin dudas y con la capacidad de responder rápidamente a cualquier pregunta que el decisor formule. Y lo último y más importante, el analista de inteligencia nunca debe influir sobre el decisor sobre qué decisión tomar o no. Debe ofrecer toda la información para la toma de decisiones, pero no realizar una función que no le corresponde.

6. *Feedback*.

La última fase, no siempre presente y si se encuentra presente, puede sufrir variaciones, se trata de recibir opinión constructiva sobre el trabajo realizado. La misma puede provenir del equipo de analistas, del órgano director o del decisor. Lo más importante de esta etapa es conocer cómo mejorar en los siguientes análisis y qué corregir en los sucesivos para continuar evolucionando para ofrecer cada vez una mejor producción de inteligencia.

Técnicas, mecanismos y herramientas que operan en ciberinteligencia

Una vez contemplado el ciclo de inteligencia que opera en ciberinteligencia, es menester conocer algunas de las técnicas de las que se sirve para poder cumplir con su cometido y así servir de soporte para los estados, organizaciones, entidades y empresas que precisen de su uso y así, cumplir con sus objetivos:

- OSINT

La técnica de obtención OSINT, obtiene su nombre de su denominación en inglés "*Open Source Intelligence*". Se trata de una modalidad que permite hacerse con datos e informaciones a través de fuentes públicas. A día de hoy, existe más concienciación sobre qué tipo de información debe publicar alguien o no y en qué plataformas, gracias a la labor de los gobiernos, instituciones, profesionales y empresas del sector se trata de sensibilizar a los ciudadanos (y otras empresas) para que comprendan que en el ciberespacio existen ciberdelincuentes, hackers y grupos de cibercriminales, un conjunto latente de ciberamenazas que pueden y de hecho, se hacen con la información de las personas, información privada y la usarán a placer para lograr sus objetivos. Para ello emplean justamente dicha técnica de obtención. Ahora bien, como sabemos existen leyes de protección de datos y limitan el acceso a la misma justamente por la existencia de este método de obtención. Por lo que como puede observarse, ya tenemos una influencia directa de la ciberinteligencia sobre la legislación.

Pues al ser un arte que puede emplearse tanto por los profesionales de la inteligencia, como por los ciberdelincuentes, la ciberinteligencia ha ayudado a conocer el alcance y consecuencias que tiene y de ahí, que el derecho haya podido servirse de ese conocimiento y evolucionar los marcos normativos para ampliar el campo de protección de las informaciones de carácter personal y mitigar, no es su totalidad pero sí en gran medida, dicha vulnerabilidad.

Ya que, sin dicha regulación legislativa, no existirían obstáculos para hacerse con los datos personales de cualquier persona, lo que se traduce en ser víctima potencial de cualquier ciberataque. Como sucedía hace años, hasta que poco a poco nuestros sistemas jurídicos se han ido adaptando a la era de la hiperconexión.

Aclarado lo anterior y volviendo sobre el OSINT como técnica de obtención aplicada a la ciberinteligencia, la misma permite hacerse con informaciones públicas contenidas en páginas webs, redes sociales, foros y diversas plataformas. Siempre dentro de los márgenes legales, de ahí que los servicios de inteligencia cuenten con sus propias leyes, reglamentos y directivas.

No obstante, la *Open Source Intelligence* no sólo opera dentro de la *surface web,* que se trata de la superficie de internet. El internet al que todos estamos acostumbrados, la zona "segura". También se desenvuelve en la deep web, esa capa más profunda de internet y donde para acceder a la misma, es necesario unos conocimientos más especializados así como herramientas específicas.

En cuanto a cómo se ejecuta dicha técnica existen diversos métodos y herramientas que facilitan la labor de obtención, como por ejemplo los navegadores *(google, yahoo, bing, duckduckgo, etc)* o los softwares especializados y configurados para tales fines o bien que combina funciones y al mismo tiempo que permite obtener datos, los van clasificando, etc.

De otro lado, la técnica OSINT sirve para realizar investigaciones, prevenir amenazas, localizar a personas, realizar análisis reputacionales, auditorías, documentar, realizar estudios de diversas índoles que guarden relación con la obtención de cualquier tipo de información dependiendo del objetivo de su empleo.

En la actualidad, sin desmerecer a las demás técnicas existentes y que iremos viendo a continuación, se trata de la metodología por excelencia para detectar informaciones de manera sencilla, rápida y con pocos recursos.

No obstante, no todos son ventajas. Pues tan negativo es carecer de información, como verse inundado de la misma. Comúnmente un exceso de datos, puede llegar a provocar el conocido fenómeno de la infoxicación. Que se trata de la sobrecarga informativa a tal grado que no sólo desenfoca a quien trabaja con la misma y puede incidir en que pierda el objetivo que motivó la búsqueda inicial, sino que también puede generar ansiedad.

Es importante destacar que cualquier persona puede padecer infoxicación en cualquier momento, no afecta únicamente a los profesionales que trabajan realizando búsquedas. Una sobreexposición al bombardeo constante de noticias, anuncios y cualquier medio que lance constantemente información, sin importar que se trata de un canal digital o tradicional, ocasiona la saturación informativa.

Hecho que puede convertirse en una problemática, ya que debido a la era digital en la que nos encontramos inmersos, cada vez son más los menores que tienen acceso a los dispositivos mucho antes siquiera de aprender a hablar. Lógicamente este suceso trae inherente otros peligros, pero en este caso hacemos alusión al exceso de información y estímulos del sistema nervioso.

De ahí, la importancia de mantener una higiene mental y digital. Y sobre todo, junto con la concienciación, aprender a seleccionar lo que queremos ver, lo que no, lo que nos sirve y lo que no nos aporta nada para nuestro conocimiento en cuanto a datos e informaciones. Resultando imprescindible desarrollar una actitud crítica y tendente a no creer en todo lo que se encuentre publicado en internet por el mero hecho de estar ahí, pues nos da como resultado el segundo reto al que la técnica OSINT debe hacer frente, la desinformación.

Para cada información detectada es necesario contrastarla con un mínimo de tres fuentes más para comprobar su veracidad. Dado que actualmente el fenómeno de la desinformación se encuentra tan extendido, que en ocasiones se convierte en un verdadero obstáculo para acceder a la información real y pertinente.

Hay que tener presente que la desinformación aunque en su mayoría sea generada por ciberdelincuentes, trolls de internet y demás actores nada fiables, en muchos casos también son los propios estados quienes inician y propagan campañas de desinformación. Uno de los casos más cercanos lo encontramos en Rusia, quien desde que inició el conflicto bélico con Ucrania, no ha dejado descansar a sus servicios de inteligencia y grupos organizados no dependientes del gobierno para producir dichas campañas y así cubrir varios objetivos.

Así pues, debido al riesgo que suponen las campañas de desinformación describiremos brevemente en qué consisten y cuáles pueden ser los objetivos que se esconden tras las mismas:

Tipos

1. *Fake news:*

   Se tratan de noticias falsas, sobre una empresa, entidad, país, persona, conflicto, etc. El objetivo puede ser cualquiera, persona física o jurídica, un suceso o un hecho. Se configura hábilmente de manera que ante el lector resulte veraz e incluso inducir a que el mismo participe compartiéndola u opinando sobre la misma para aumentar la interacción y el algoritmo de la plataforma donde se haya alojado la detecte como temática de interés. El medio de propagación puede ser una sms, correo electrónico, Apps de mensajería instantánea, página web, foros o redes sociales. Esta última suele ser la vía más óptima para su rápida difusión. En cuanto a su formato, existe el escrito, visual mediante vídeo o audio[204].

2. *Deepfake:*

   Esta variante de las *fake news* es capaz de generar mediante una inteligencia artificial una imagen la cual se corresponda con la apariencia de una persona real y dotarla de movimiento y sonido, lo que recrea una imagen de apariencia real y con el desarrollo tecnológico actual, difícil de distinguir de la persona real ante el ojo poco experto. Por lo que, un gran sector de la población puede creer que está viendo al presidente de un país declarando una guerra a otro cuando realmente eso no

---

204 En la siguiente publicación de la BBC se recogen ejemplos de las consecuencias de las *fake news*: 3 noticias falsas que propiciaron guerras y conflictos alrededor del mundo - BBC News Mundo

ha sucedido, sino que se ha creado mediante una IA con fines maliciosos, por ejemplo.

Otra variante incluye también emular con un nivel muy alto de precisión la voz de una persona. Tan sólo es necesario prefijar un texto y la inteligencia artificial se encargará de que parezca que la persona cuya voz ha sido recreada, ha pronunciado dicho discurso o palabras[205].

3. *Bulos:*

La diferencia entre las noticias falsas y los bulos no solo reside en la finalidad de su creación, sino también en su elaboración. Los bulos manipulan la realidad, escogiendo ciertos fragmentos de la misma, manipulándola y a raíz de la misma añadir argucias basadas en el engaño para captar el interés del lector o usuario.

Objetivo

La finalidad perseguida por las campañas de desinformación puede ser diversa. Es decir, depende del objetivo al que se dirija. Desprestigio, generar o reavivar tensiones o conflictos, dañar la reputación, bajar la guardia del target para posteriormente lanzar algún ciberataque e incluso preparar el terreno para la activación de una estrategia ya sea de índole empresarial o gubernamental. Ahora bien, cumplido o no el objetivo, la tendencia es que provoquen o induzcan a la aparición de confusión, desconcierto e incluso incertidumbre en alto grado.

Pues bien, si como hemos mencionado anteriormente la existencia de estos elementos pueden dificultar la tarea de obtención de información mediante la técnica de OSINT, es innegable que suponen una amenaza cuando se tratan de campañas de desinformación agresivas y a gran escala. Por lo que, en este contexto, podría estruc-

---

205 Ejemplo visual de un *deepfake* vía Youtube: This is not Morgan Freeman - A Deepfake Singularity - YouTube

turarse dentro de los elementos sobre los que actúa el siguiente componente de la ciberinteligencia que veremos en estos instantes.

Threat Intelligence

La inteligencia de amenazas aplicada a la ciberinteligencia opera sobre las amenazas que se encuentran en el ciberespacio o aplicadas a las tecnologías, es decir, comprende el ámbito digital. Para ello, mediante la recolección de muestras y evidencias de las ciberamenazas detectadas, posteriormente ejecuta un análisis que servirá para mitigar las vulnerabilidades existentes, detectar posibles riesgos y mejorar las medidas de protección de manera que ante un ciberataque, los daños y consecuencias lleguen a tener el menor impacto posible. Asimismo la inteligencia de amenazas o *threat Intelligence* puede ejecutarse en sentido técnico, táctico, operativo y estratégico.

Categorías según el ámbito de actuación:

1. *Técnico:*

   Como su propio nombre indica, opera ante los medios técnicos del ciberdelincuente, grupo de cibercriminales o ciberadversario a la hora de lanzar los ciberataques. Conociendo los medios técnicos, puede descifrarse cómo se configuran y desarrollan los ciberataques y así, anticiparse a los mismos implementando estructuras defensivas. E incluso, generar su propia contraofensiva más especializada. Por lo que en este contexto, los términos son más informáticos.

2. *Táctico:*

   Enfocada en la defensa de los bienes o medios (de la institución, administración, gobierno o empresas) su ámbito de actuación comprende el análisis metodológico, estructural y técnicas empleadas por los ciberatacantes. De este modo, conociendo cómo es el *modus operandi* del ciberataque desde su inicio a fin, puede establecer los medios y políticas de protección oportunos.

3. *Operativo:*

   Se desenvuelve o activa ante ciberincidentes que se puedan ocasionar en un momento en concreto, enfocándose sólo en él y analizándolo pormenorizadamente.

4. *Estratégico:*

   Desarrolla un análisis en profundidad, de manera que analiza los riesgos existentes, el impacto que tendrían los diversos tipos de ciberamenazas, la probabilidad de que se den en tiempo presente o futuro y permite calibrar según el impacto el daño y la repercusión que podrían llegar a tener.

Por tanto, como vemos todas estas tipologías pueden emplearse dentro de un mismo contexto, dado que todas se complementan y fomentan un entorno de seguridad, alerta temprana y respuesta. En base a la identificación, seguimiento y creación de estrategias a corto, medio o largo plazo. Para ello, se sirve de su propia metodología, técnicas y herramientas especializadas que se ejecutan por profesionales experimentados en la inteligencia de amenazas.

Gracias a la labor de instituciones como INCIBE de concienciación y difusión de información, guías y un amplio abanico de herramientas para sacarle el máximo partido al ciberespacio desde un entorno seguro, poco a poco se va difuminando el concepto erróneo que hacía creer que la ciberinteligencia sólo era necesaria para las grandes empresas con presencia internacional. Pues ya se trate de una PYME o una mediana empresa, la ciberinteligencia no es sólo beneficiosa, sino también más que imprescindible.

Ejemplos de guías publicadas por INCIBE

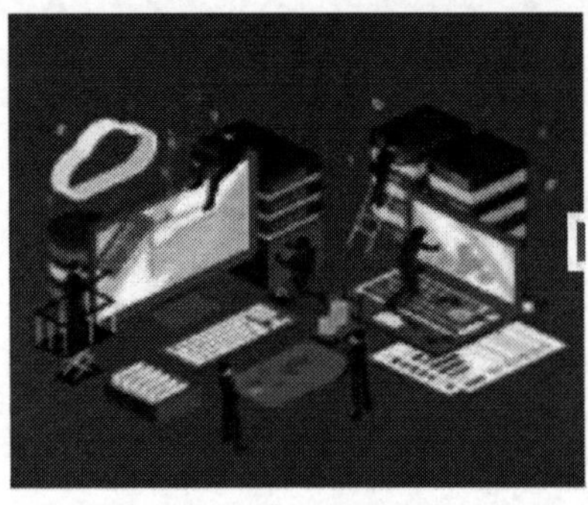

La guía sobre *ciberseguridad en la identidad digital y la reputación online*[206] (imagen de la izquierda) define los parámetros explicativos de la identidad de una empresa en el ciberespacio, así como la reputación online de una marca y ofrece los métodos y herramientas para su promoción y protección.

La segunda guía (imagen de la derecha) versa sobre las *ciberamenazas existentes alrededor de los entornos empresariales*[207] ofreciendo nociones básicas sobre las mismas y cómo una compañía puede implementar sistemas de protección y detección temprana para minimizar las vulnerabilidades, detectar riesgos y así desenvolverse en un entorno seguro sin una exposición a las ciberamenazas pese a la existencia de las mismas.

En primer lugar, hemos de partir de la base de que encontrándonos inmersos en la era digital, incluso una empresa que no se desarrolle en el entorno tecnológico y ofrezca otros servicios, el medio por excelencia para anunciarlos, conseguir clientela y posicionarse paulatinamente en el mercado es internet.

Sí, estamos de acuerdo en que el "boca a boca" de los clientes a prospectos potenciales continúa siendo un método óptimo para promocionar los negocios, pero de corto alcance y temporalidad limitada. Además, depende íntegramente de la "voluntad" del cliente.

Asimismo, otra técnica tradicional consiste en la publicidad en formato físico, sin embargo tiene un coste elevado o no, dependiendo de la capacidad económica que posea la empresa de la que se trate y si hablamos de una empresa de reciente creación, pequeña y propiedad de un emprendedor con capital limitado, puede ser un desembolso que a priori no se contemple viable.

Sin embargo, ofrecer servicios de manera online también puede tener costes, pero queda a criterio del empresario/a ya que, el gran tablón de anuncios existente en el ciberespacio por excelencia son

---

206 Acceso a la guía nº1 completa: Ciberseguridad en la identidad digital y la reputación online. Guía de recomendaciones para las empresas | Empresas | INCIBE

207 Acceso a la guía nº2 completa: Ciberamenazas contra entornos empresariales: una guía de aproximación para el empresario | Empresas | INCIBE

las redes sociales. Cierto es, que algunas cuentas o perfiles basan su actividad económica en promocionar mediante redes sociales con un número razonable de seguidores, servicios o empresas. Aunque no es elemento imprescindible, ni tampoco asegura una lluvia de clientes.

Por lo que, en este sentido basta con tener conexión a internet, crear cuentas en las redes sociales que más se ajusten a los parámetros del negocio en cuestión y autopromocionarse. Actividad para la cual, no se necesitan unos conocimientos muy avanzados sobre informática o redes sociales a priori,

Dicho lo anterior, en qué puede la ciberinteligencia impulsar a esa empresa cuya reputación online no termina de definirse o no logra posicionarse a la altura de su competencia o incluso, sobresalir y por ende, pueden resentirse sus ingresos o no conseguir aumentarlos.

En este contexto, la ciberinteligencia aplicada a la inteligencia competitiva, puede comenzar por ejemplo, analizando el grado de presencia online de nuestra compañía facticia. Para ello, mediante el empleo de motores de búsqueda avanzados puede comprobar dentro de un margen temporal prefijado cuántas unidades de información se detectan sobre nuestra empresa, de qué medios proceden (páginas web, foros, comentarios en redes sociales, medios de comunicación online, etc), si las mismas tienen un impacto positivo, negativo o neutro y a razón de esos resultados comenzar a elaborar una estrategia a medio, largo plazo para que la empresa se posicione, aumente su demanda y sus ingresos.

Cómo, pues analizando la reputación actual, a la competencia, tendencias del sector del mercado al cual pertenezca nuestra empresa. Implementando mejoras progresivamente y generando análisis cualitativos y cuantitativos y calculando la posible y probable proyección futura, así como los impactos (positivos y negativos)

En ese primer ejemplo, la ciberinteligencia ayudaba a una empresa a mejorar su reputación, posicionarse digitalmente, situarse al nivel de su competencia y comenzar a generar unos ingresos esperados o deseados. En el siguiente caso, complicaremos más el supuesto en base a los siguientes hechos:

Una compañía se encuentra en pleno crecimiento, con buenas expectativas de proyección, al mismo nivel que su competencia, imagen reconocida y que goza de buena reputación, observa que en tres ocasiones otra empresa competidora ha lanzado proyectos muy similares a los suyos y unas semanas antes que ella. Por lo que comienza sospechar que quizás es víctima de ciberespionaje.

Ante esta tesitura la ciberinteligencia analizará los hechos en base a una investigación previa pormenorizada, que arrojará los resultados pertinentes. En primer lugar, se examinarán los proyectos, revisarán los sistemas y redes internas para detectar si ha existido o existe alguna brecha de seguridad o vulnerabilidad no detectada.

Se contemplará si ha tenido lugar alguna filtración no deseada, se verificarán las políticas y protocolos de seguridad y si es preciso, se estudiará al personal, pues no olvidemos que el factor humano es una de las mayores vulnerabilidades de una empresa. De igual modo, se prestará atención a la posibilidad de que se haya insertado dentro de la red de la empresa algún software espía o bien, obviado algún ciberataque especializado que haya instalado algún malware o acceso remoto.

Estos son sólo algunos ejemplos de los múltiples procesos que se pueden activar para averiguar si el activo más importante de una compañía que es su información, se ha visto comprometida y sólo una variante de las muchas que pueden suceder en un ambiente realista. Por lo que, como puede observarse, la ciberinteligencia más que necesaria, dependiendo del contexto, suceso e impacto entre otros factores y variables, puede resultar vital para la vida de una empresa.

5.4. CIBERINTELIGENCIA APLICADA A LA SEGURIDAD Y DEFENSA PÚBLICA

Como vimos en unos inicios esta rama de la inteligencia, prácticamente desde sus inicios aunque no se encontrara conceptualizada o definida como a día de hoy se conoce, su ámbito de aplicación era el militar. Por lo que, puede interpretarse que su entorno por excelencia era inicialmente el gubernamental y posteriormente su uso comenzó a externalizarse y a tomar más presencia en otros sectores.

Además, se ha ido plasmando cómo a nivel estatal paulatinamente y conforme el ciberespacio fue ocupando terreno, los estados han incorporado en sus administraciones, instituciones y servicios de inteligencia su uso e incluso incorporado agencias, divisiones, oficinas y demás entes y organismos especializados en ciberinteligencia.

Por lo que, convenimos que en la esfera militar, incluyendo cuerpos y fuerzas de seguridad del estado, ámbito económico, financiero y civil, sin obviar infraestructuras críticas, seguridad nacional, espacio y entorno internacional la ciberinteligencia se encuentra inserta.

Un ejemplo, de cómo la ciberinteligencia puede velar por la salvaguarda de un estado lo vimos en el caso de Estonia. No obstante, veremos un caso más reciente que nos servirá a contextualizar cómo la ciberinteligencia dependiendo de quien se sirva de ella, puede tratarse uno de los mejores medios de defensa en la actualidad o un arma con una alta probabilidad de ser letal en muchos aspectos, los cuales pueden llevar a la quiebra a una empresa o hacer tambalear la seguridad de una nación.

En el suceso que veremos el objetivo fue Ucrania y sus infraestructuras críticas, en concreto, centrales eléctricas de alto voltaje. El estado Ucraniano lamentablemente desde que comenzó el conflicto con Rusia ha recibido una cantidad ingente de ciberataques en sus variantes más agresivas y potentes.

No obstante, pese a tener como adversaria a Rusia, un gigante en cuanto a servicios de ciberinteligencia, con capacidad y medios para lanzar ciberataques a gran escala, Ucrania ha demostrado que es una adversaria a la altura para contener y repeler los mismos dentro de la medida de lo posible.

El día 12 de abril de 2022 el CERT-UA (*Equipo de Respuesta a Emergencias Informáticas del Gobierno de Ucrania*) publicó en su página web oficial la noticia[208]de que un grupo organizado había efectuado un

---

[208] Lectura completa de la noticia publicada por el CERT-UA (en ucraniano): CERT-UA

ciberataque a las centrales eléctricas de Ucrania con softwares maliciosos.

Antecedentes

No fue la primera vez que Ucrania tuvo que hacer frente a un ciberataque de este calibre y dirigido hacia el mismo objetivo. En el año 2016 su capital, Kiev, se quedó sin suministro eléctrico durante aproximadamente una hora en diversas localizaciones. No se debió a una avería en las redes, nada le sucedió a los tendidos eléctricos y ni siquiera se produjo por un fallo humano proveniente de los operarios o personal técnico, sino a un ciberataque, el *Industroyer.* Un año después equipos de investigadores descubrieron que el *Industroyer* no se trataba de un *malware* usual, pues fue creado con el propósito de afectar a las redes eléctricas.

Elemento que al ser una infraestructura crítica de primera necesidad, puede generar un desequilibrio significativo sobre la población, sistema de telecomunicaciones, conexión a internet, redes y sistemas de las administraciones, transporte, industria, hospitales, etc de una ubicación en concreto (de mayor o menor magnitud). Y cuanto más tiempo se tarde en lograr restablecer los servicios, mayor será el impacto.

Pues aunque se encuentren generadores de emergencia disponibles, en ocasiones tienen una duración predeterminada y no todas las infraestructuras tienen suficiente suministro con esta alternativa para poder operar al 100% de su capacidad. En resumen, con una alta probabilidad puede ocasionar consecuencias negativas.

SANDWORM

Según los investigadores el grupo organizado detrás del ciberataque fue *Sandworm* (gusano de arena) y tras muchas horas de indagaciones y análisis el rastro de Sandworm llegaba hasta Rusia, aunque no se contaba en ese instante con las evidencias tajantes e inequívocas de que tal grupo organizado se encontrara directamente relacionado con el gobierno del Kremlin.

Hasta que años después, en Estados Unidos, en concreto una sentencia emitida por la Corte del Distrito Oeste del Distrito de Pensilvania[209] recogió la conexión entre los componentes de *Sandworm* con el GRU que se trata de *El Directorio Principal del Alto Estado Mayor de las Fuerzas Armadas.* Es decir, el servicio de Inteligencia Militar de Rusia. Ahora bien, en qué consistía esa conexión puede que nos estemos preguntando, pues en que Sandworm era una de sus unidades militares de Inteligencia, la conocida como "74455"

D'21

UNITED STATES DISTRICT COURT
WESTERN DISTRICT OF PENNSYLVANIA

UNITED STATES OF AMERICA

v.

YURIY SERGEYEVICH ANDRIENKO,
SERGEY VLADIMIROVICH DETISTOV,
PAVEL VALERYEVICH FROLOV,
ANATOLIY SERGEYEVICH KOVALEV,
ARTEM VALERYEVICH OCHICHENKO, and
PETR NIKOLAYEVICH PLISKIN,

Defendants.

FILED
OCT 15 2020
CLERK U.S. DISTRICT COURT
WEST. DIST. OF PENNSYLVANIA

Criminal No. 20-316

18 U.S.C. §§ 371, 1030(a)(2)(C), 1030(a)(5)(A), 3559(g)(1) (Conspiracy)
18 U.S.C. § 1349 (Conspiracy to Commit Wire Fraud)
18 U.S.C. § 1343 (Wire Fraud)
18 U.S.C. § 1030(a)(5)(A) and 1030(c)(4)(B) (Damage to Computers)
18 U.S.C. § 1028A (Aggravated Identity Theft)
18 U.S.C. § 2 (Aiding and Abetting)

[UNDER SEAL]

INDICTMENT

COUNT ONE

(Conspiracy to Commit an Offense Against the United States)

The grand jury charges:

1. At all times relevant to the indictment, from at least in and around November 2015 through in and around October 2019, the Russian Federation ("Russia") operated a military intelligence agency called the Main Intelligence Directorate of the General Staff of the Armed Forces ("GRU"). The GRU was headquartered in Moscow, Russia, and was comprised of multiple units, including Military Unit 74455, which was also known within the GRU as the "Main Center for Special Technologies" (also known as "GTsST") and by cybersecurity researchers as Sandworm Team, Telebots, Voodoo Bear, and Iron Viking. Military Unit 74455 was primarily

---

209 Sentencia completa (en inglés): Six Russian GRU Officers Charged in Connection with Worldwide Deployment of Destructive Malware and Other Disruptive Actions in Cyberspace: Unsealed Indictment (justice.gov)

Sandworm e Industroyer2: objetivo Ucrania

Volviendo al año 2022 y conocidos ya los antecedentes previos, lo que sucedió fue que *Sandworm* volvió a colocar en sus miras a Ucrania y sus centrales eléctricas, pero con una versión actualizada del *malware* original, sumándole otro software malicioso, conocido como *Caddy Wiper.*

La función de este último se centra en destruir datos e informaciones, con un "extra" que lo convierte en un ciberataque altamente dañino y es que, no sólo se centra en destruir el sistema al que infecta, sino que también alcanza a las particiones generadas y los discos duros conectados, lo que se traduce en que Caddy Wiper es sinónimo de destrucción en su máximo exponente.

Por lo que si aunamos ambos *malwares,* teniendo presente que uno se centra en generar daño a las centrales eléctricas y el otro destruye datos e informaciones, se trata de un ciberataque combinado (mucho más complejo de lo que pueda resultar leyendo estas líneas[210]) que puede poner en jaque a una nación, si se dirigen a infraestructuras estratégicamente seleccionadas y en un momento oportuno previamente analizado y escogido.

Empero, en esta ocasión la victoria fue para Ucrania, ya que debido a las oleadas de ciberataques que estuvo recibiendo con anterioridad por parte de Rusia, adquirió experiencia. La misma, sumada a un aumento de conocimientos sobre ciberinteligencia, medios, capacidades y equipos de profesionales, así como servicios de inteligencia y ciberseguridad preparados, dio como resultado haber implantado con antelación las políticas y mecanismos necesarios en base a un esquema de seguridad óptimo y centrado en proteger a la nación, entre ellas a sus infraestructuras. Por lo que, no se sufrió ningún apagón y se repelió el ataque con éxito.

---

210 Información técnica informática general sobre cómo se estructuró el ciberataque y su funcionamiento. Vía: CERT-UA: CERT-UA y Segu-Info, noticias sobre seguridad de la información: Nueva versión del malware Industroyer utilizada en ataque contra proveedor de energía en Ucrania ~ Segu-Info - Ciberseguridad desde 2000

Aún y con todo ésto, Rusia sigue siendo una amenaza en el ciberespacio, pues no debe obviarse, ni olvidarse su estrategia de propagar campañas de desinformación, generar confusión a los actores internacionales y desconcertar a toda la población en general. Pues como vimos, la ciberinteligencia dentro de sus tipos, genera estrategias a largo plazo con el fin de lograr los objetivos predefinidos por quienes mueven sus hilos y en ocasiones, un rumor, una mera duda, es más nociva que tirar una red de una institución. Un sistema puede restaurarse, la confianza y reputación que puede ser dañada en base a campañas de desprestigio, en ocasiones es irreparable.

5.4. CIBERINTELIGENCIA PARA LA TOMA DE DECISIONES

Pensar en el concepto de "tomar una decisión" puede no resultar muy complejo a priori. Sin embargo, si nos detenemos durante unos segundos, seguramente no nos equivoquemos al afirmar que a lo largo de nuestra vida y en más de una ocasión nos hemos topado con circunstancias que han conllevado a la necesidad de decidir sobre algún asunto y no ha resultado nada sencillo. Bien porque no existía una opción que trajera una consecuencia beneficiosa al cien por cien, bien porque hubiera más personas afectadas en esa toma de decisión e incluso o porque nuestra propia mente no nos permitiera justo en ese momento decidir y automáticamente nos dejase en una situación de bloqueo mental y por ende, postergamos ese momento el cual de manera inevitable llegaría tarde o temprano.

Partiendo de la premisa de que eso sucede absolutamente a todas las personas que habitamos este mundo, traslademos ahora esa acción necesaria a multinacionales, bancas, países, contextos donde una decisión equivocada, apresurada o tomada sin toda la información disponible, puede suponer desde una bancarrota hasta el estallido de un conflicto armado.

No somos tremendistas al pronunciar esas palabras, pues lo que se esconde detrás de cada acción emprendida, ya sea en un contexto empresarial, estatal o internacional son un conjunto de decisiones, con sus respectivas repercusiones. Un escenario un tanto complejo sin lugar a dudas, el cual aumenta la dificultad para ejercer una buena toma de decisiones cuando se desarrolla en un entorno como en el que nos encontramos inmersos en la actualidad, el conocido como VUCA+H.

VUCA+H

Si bien, dicho entorno se comenzó a definir tras la Guerra Fría en el seno del Colegio de Guerra del Ejército de los Estados Unidos, no ha quedado obsoleto en nuestros días, sino que ha encontrado su versión actualizada y totalmente pertinente. El entorno VUCA+H, originalmente conocido únicamente como VUCA hace referencia a sus siglas en inglés:

- V (Volatility) Volátil: el elemento de la volatilidad hace referencia a cómo rápidamente y/o sin esperarlo, ni mediar previo aviso puede suceder un evento o cambio de gran impacto que genere inestabilidad momentánea o más duradera. Ya sea en el sector empresarial, estatal o contemplándose como un evento de magnitud internacional que geopolíticamente afecte a un conjunto de actores.

- U (Uncertainty) Incierto: bien en su acepción de algo "no seguro" o "desconocido" e incluso "ignorado". No se posee como tal la habilidad de predecir hechos futuros con total exactitud. De ahí que en ciertas parcelas de la vida el pensar en el futuro en ocasiones pueda generar ansiedad y ello debido a la incertidumbre.

- C (Complexity) Complejo: cuando se desconoce en su totalidad todos los elementos que conforman un hecho, una circunstancia, un suceso.

- A (Ambiguity) Ambigüo: la falta de transparencia o claridad genera dudas, confusión y nuevamente es foco indudable de incertidumbre. Ello llevado a un hecho, genera que se desconozca cuál es la decisión acertada a tomar, pues falta información.

- "+*H*" el elemento actualizador y el cual hace referencia a la hiperconexión:

  En etapas pasadas la existencia de entornos VUCA se encontraban acondicionados por los elementos descritos, lógicamente tenían su repercusión e impacto. Sin embargo, quedaban circunscritos en mayor o menor medida al área donde se desenvolviera.

  Es decir, la expansión del hecho o evento, así como su efecto disminuía cuanto más se alejaba de su epicentro, a lo que se le sumaba el factor de la temporalidad. No obstante, la aparición del ciberespacio y con él la hiperconexión, ha desembocado en que en la actualidad un evento sucedido en los Estados Unidos se conozca en Italia en cuestión de minutos, por ejemplo.

  Y no sólo hablamos de la velocidad de propagación de las noticias de última hora, imaginémonos un ciberataque lanzado de una punta del planeta a la otra, sin necesidad de desplazamiento para infectar los sistemas, en cuestión de segundos.

Es por ello, que la vía más favorable para poder efectuar una toma de decisiones informada, pertinente y adecuada ante cualquier evento, hecho, contexto, imprevisto, estrategias e incluso proyectos a largo plazo se precise del uso de la ciberinteligencia. Ya que, servirse de ella, permite en un primer lugar adquirir la máxima cantidad de información disponible, detectar las necesidades ante las cuales se ha de responder.

Mediante los análisis pertinentes, permite generar hipótesis y escenarios posibles, probables e incluso improbables sin eludir sus variables, desarrollando al mismo tiempo indicadores monitorizados, cálculo de riesgos e impactos, de tal modo que pueda predecirse con poco margen de error qué puede suceder y ante ello, cómo se podría llegar a actuar para solventar cada vicisitud.

¿Quiere decir ésto qué la ciberinteligencia o la inteligencia en sí, da la respuestas para saber qué decisiones tomar? No, la labor de la ciberinteligencia es apoyar a la toma de decisiones, no inmiscuirse en la acción de decidir. Es decir, ofrece todo el abanico posible y probable que puede suceder ante un hecho, circunstancia o contexto en base los requerimientos que hayan suscitado la necesidad de tener que tomar una decisión.

Las conclusiones de los análisis ofrecen una disminución significativa de la incertidumbre al proporcionar conocimiento y perspectiva, la respuesta sobre qué decisión tomar la tiene el cliente o el decisor. De ahí, que una de las primeras enseñanzas que se les da a los analistas de inteligencia sea que nunca se extralimiten en sus funciones ante estas circunstancias.

5.5. EL LADO OSCURO DE LA CIBERINTELIGENCIA

Esa cara B de la moneda, la negativa, la que genera daños e incluso caos no es en sí porque la ciberinteligencia la traiga inserta en sí misma. En este sentido hacia qué lado se inclinará la balanza, si hacia "hacer el bien o el mal" es directamente atribuible al factor humano, pues son las personas las que emplean la ciberinteligencia y no al contrario.

Ciberespionaje, ciberterrorismo, suplantaciones de identidad, robo de activos, secuestro de información, ciberataques lanzados para destruir redes, etc todo un campo amenazas latentes en el ciberespacio y obra de la mano humana, algunos esperables y otros que sobrevienen de tal manera que dejan en jaque a multinacionales y estados.

No obstante, si bien debido a su existencia se ha precisado implantar a un ritmo casi a contrarreloj políticas, legislaciones y todo un entramado de mecanismos a modo de escudo y defensa de la sociedad, igualmente gracias a esas amenazas se ha podido acceder al siguiente nivel. El de prever y anticiparse a los ataques existentes y posibles en términos futuros pero con la limitación de las tecnologías actuales.

Y es en este sentido donde se han configurado los "*Blue Team*" y los "Red Team", ya sea a nivel corporativo o estatal, estos equipos se encargan tanto de la defensa como la emulación de ataques.

Los *Blue Team* se centran en la protección de los sistemas, localizar fallos en la seguridad de las redes y equipos, vulnerabilidades y riesgos. Mientras que los "*Red Team*" emulan los ciberataques mediante ejercicios prácticos, se ponen en la piel de los ciberdelincuentes y adversarios.

Aunque no son los dos únicos, pues existe también el *Purple Team.* Este tercer equipo combina las vulnerabilidades localizadas del *Red Team* y las aúna a las metodología y técnicas utilizadas por el *Blue Team,* de modo que, lo que consigue son unos resultados que permiten reforzar aún más los niveles de protección y capacidad de respuesta ante ciberataques.

Recapitulación

Siendo conocedores de la función que cumple la ciberinteligencia y su papel fundamental en esta era digital y de hiperconexión, en lo que concierne a la evolución de los sistemas legislativos tanto de estados, como de organizaciones internacionales, su presencia se mantendrá e irá asumiendo más atribuciones, así como alcanzando a más ramas del derecho paulatinamente y conforme al desarrollo tecnológico, siempre prestando atención de igual modo a los devenires geopolíticos.

Dado que la ciberinteligencia tiene la capacidad de operar tanto en un terreno defensivo como ofensivo, continuará desarrollándose en esa doble vertiente adaptándose a los cambios del mundo físico y virtual, por ende los marcos normativos desarrollarán nuevas generaciones de marcos normativos.

Hasta el momento, gracias a esa vertiente defensiva de la ciberinteligencia (entendiendo *defensiva* en este contexto como generación e implementación de técnicas y métodos tendentes a detectar mitigar vulnerabilidades, definir riesgos, impactos, así como detectar y analizar amenazas para asegurar unos estándares de protección óptimos y eficaces), los sistemas jurídicos han logrado promulgar leyes cuya finalidad es la salvaguarda de las personas físicas y jurídicas, así como la propia de las naciones, velando por sus intereses, tanto fuera como dentro del ciberespacio. Como por ejemplo, con las leyes de protección de datos, telecomunicaciones y usuarios, legislación relativa a los parámetros mínimos que deben cumplir y respetar las empresas de desarrollo tecnológico, etc. Tal y como expresamos en capítulos anteriores.

En lo que concierne a la ofensiva, la ciberinteligencia empleada para desarrollar ciberataques de diferentes calados según la pretensión que escondan tras de sí, así como las posteriores consecuencias de los mismos, ha servido de base para que cada estado pudiera anticiparse y configurar sus sistemas legislativos para actualizar conceptos jurídicos o bien, crear nuevas figuras legislativas.

Y de igual modo, tipificar delitos de nueva generación correspondientes a la era digital. Hemos contemplado cómo los códigos penales, civiles, tributarios, etc han insertado en su articulado un amplio desarrollo sobre los delitos informáticos, la figura del ciberdelincuente, cibercrimen, etc.

Asimismo los marcos normativos, en pro de velar por el mantenimiento y desarrollo de unas garantías propias de un estado de derecho, siendo necesario para ello asegurar la seguridad de la nación, han legislado sobre las atribuciones y competencias de sus servicios de inteligencia, estableciendo límites y obligaciones.

Por tanto, la ciberinteligencia a día de hoy más que opción, es una necesidad para la permanencia del orden y la seguridad ante las amenazas que no dejarán de aparecer en los próximos años.

Capítulo 6

Retos y tendencias de futuro

Somos conscientes de que damos por sentado que las tecnologías continuarán evolucionando, pensar en lo contrario sería ilógico y poco razonable. Debido a ese desarrollo, la sociedad, empresas y naciones proseguirán caminando por un sendero que se bifurcará en rutas ya conocidas pero actualizadas y otras desconocidas hasta el momento.

Estos hechos generarán nuevos retos donde la ciberinteligencia deberá exigirse más así misma, de manera que le permita estar al nivel de las nuevas amenazas que paulatinamente aparecerán y así poder combatirlas, al mismo tiempo que instaura métodos efectivos de protección y detección temprana.

Ahora bien, aunque no podamos hablar sobre lo que aún no se conoce, sí que nos es posible predecir en base a lo ya presente, cuáles serán los próximos retos a los que deberá hacer frente la ciberinteligencia con una alta probabilidad, observando las tendencias. O lo que es lo mismo, las propensiones de los hechos.

Próximos desafíos de la ciberinteligencia

1. Cibercriminalidad

La continuidad en la realización de actividades delictivas a través de los dispositivos tecnológicos y medios informáticos disponibles. conducirá al aumento de delitos. Ilícitos que del mismo modo, adquirirán más sofisticación y pericia.

Desde su planificación inicial, pasando por su *modus operandi* e incluyendo daños y consecuencias posteriores tras su efectiva comisión. Esto sucederá debido a que los cibercriminales habrán tenido el tiempo suficiente para conocer las políticas, protocolos, medios y herramientas de protección, alerta temprana y respuesta disponibles.

En este sentido, hemos de incluir la labor de concienciación realizada por las organizaciones e instituciones gubernamentales, así como profesionales y empresas del sector de ciberseguridad, las cuales se dirigen en su mayoría a la población. De manera que, sepan a qué atenerse y cómo actuar ante las ciberamenazas y ciberataques.

Dicha tarea de distribuir y diversificar conocimiento de una manera transparente, aunque es beneficiosa para el sector social y más que necesaria, trae como contrapartida que los ciberdelincuentes sepan qué es lo que sabe ese sector de la población no especializado en ciberinteligencia y ciberseguridad. Adelantarse a qué es lo que probablemente no sepa y encontrar métodos para continuar lanzando ciberataques a los usuarios y que éstos finalmente se conviertan en víctimas, pese a que previamente haya existido información disponible con finalidad disuasoria.

Pues aunque los equipos informáticos, dispositivos tecnológicos y *softwares* provengan de serie configurados con esas prestaciones y estándares de seguridad, implantados con la intención de salvaguardar a los usuarios y minimizar riesgos y exposición (de acuerdo con las exigencias legales actuales), no dejan de ser elementos inanimados que para cumplir con su finalidad necesitan que la actitud y acción del humano le acompañe.

Es decir, el factor humano continuará siendo una de las mayores vulnerabilidades que los cibercriminales aprovecharán, lo que traerá consigo el empleo de una ingeniería social más agresiva, mejor estructurada y muy probablemente capaz de manipular a una población, que aunque con conocimiento sobre la existencia de los peligros de internet y los medios para autoprotegerse, continuará presentando individualmente vulnerabilidades psicológicas momentáneas o perdurables (e incluso la falta de diligencia o bajo nivel de alerta y atención en un momento dado) y que serán detectadas por los ciberdelincuentes.

En la Dirección General de Coordinación y Estudios, adscrita a la Secretaría de Estado de Seguridad que forma parte del Ministerio del Interior del Gobierno de España, se localiza el portal estadístico de criminalidad[211].

En él, perfilando nuestra búsqueda y ciñéndola a los ilícitos conocidos relativos a la cibercriminalidad comprendiendo todos los grupos penales, dentro de un período temporal de un año, el 2022 en concreto, los datos que encontramos son los siguientes:

TOTAL NACIONAL	2022
ACCESO E INTERCEPTACIÓN ILÍCITA	5.578
AMENAZAS Y COACCIONES	15.982
CONTRA EL HONOR	1.191
CONTRA LA PROPIEDAD INDUSTRIAL/INTELECTUAL	114
DELITOS SEXUALES	1.646
FALSIFICACIÓN INFORMÁTICA	12.569
FRAUDE INFORMÁTICO	335.995
INTERFERENCIA EN LOS DATOS Y EN EL SISTEMA	1.662
TOTAL grupo penal	374.737

Fuente: Imagen correspondiente a la tabla sobre hechos conocidos relativos a infracciones penales sobre cibercriminalidad, propiedad del Portal Estadístico de Criminalidad de la Dirección General de Coordinación y Estudios

Observando los datos y conociendo que durante el año 2023 en España, no sólo han aumentado las incidencias, sino también los ciberdelitos efectivamente cometidos, lo esperable es que las cifras aumenten. No obstante, lo único que podrá frenar o disminuir el contador será la capacidad de reacción y respuesta de la ciberseguridad dentro del territorio español en en base a la ciberinteligencia. En un contexto internacional, las cifras son y serán aún mayores, por lo que la ciberinteligencia ganará aún más protagonismo.

211 Página web oficial del Portal Estadístico de Criminalidad: Portal estadístico de criminalidad (mir.es)

2. Desarrollo industrial

Comprendiendo el concepto de desarrollo industrial como el crecimiento de las industrias relacionadas con las infraestructuras críticas, como son las instalaciones/centrales eléctricas, telecomunicaciones, transporte, satélites, plantas fotovoltáicas y las relacionadas con la transición energética, etc.

Ese crecimiento a nivel mundial, traerá consigo que esas infraestructuras críticas incorporen nuevas tecnologías (materiales de construcción, redes y sistemas que las configuren y en sí, se encarguen de que cumplan con su función) factor que desencadena una cierta susceptibilidad a la hora de recibir ciberataques. Como en el caso que anteriormente vimos sobre Ucrania y el *malware Industroyer* 1 y 2, creado con la finalidad específica de atacar a las centrales eléctricas.

Se tratará de un desafío que precisará una actuación conjunta, tanto de las empresas encargadas de la construcción de las infraestructuras críticas y su mantenimiento a nivel tecnológico, como de los estados, los cuales en sus Esquemas de Seguridad Nacional deberán ampliar el ratio de protección, teniendo presente que las capacidades de los enemigos (procedan de grupos organizados de ciberdelincuentes, grupos terroristas e incluso estados adversarios) siempre podrán ser igual o superior a las propias, que si bien no siempre será cierto, generará la suficiente y necesaria alerta para no confiar sobre manera en sus políticas, sistemas y protocolos de defensa, lo que inevitablemente conduciría a una falta de diligencia y probables brechas de seguridad y vulnerabilidades a medio y largo plazo.

3. Ciberespionaje

En su vertiente corporativa o estatal, el ciberespionaje se tratará de otro reto para la ciberinteligencia. Ya que, al mismo tiempo que crecen las amenazas, aumentan las capacidades de los adversarios, quienes en pro de seguir aumentando y actualizando éstas, tratarán de obtener los activos de mayor valor que son los datos e informaciones.

Si bien en ocasiones, el ciberespionaje se ejecutará para velar por los intereses propios de sus precursores, sin tratar de generar un daño efectivo a quienes sustraigan las informaciones, hemos de tener presente que aunque la intención original no sea generar daño, el mismo de igual modo se provoca.

Imaginemos el ámbito empresarial, donde una empresa gracias al espionaje roba información sobre un proyecto a otra empresa competidora, lanza ese mismo proyecto realizando unos cambios y se beneficia de él sin haber invertido tiempo ni capital en idearlo, simplemente en ejecutarlo. La empresa víctima del espionaje ha perdido todo lo invertido, pues ya no posee la primicia del proyecto y no acaparará toda la demanda que le hubiera correspondido bajo las circunstancias originales.

No obstante, existe la variante de efectuar al ciberespionaje para generar daño al oponente o bien, ganar ventaja estratégica sobre él. Llevamos contemplándolo desde los albores de la ciberinteligencia dentro de los episodios bélicos vividos a lo largo de la historia.

¿Entonces qué aspecto del ciberespionaje supone un reto para la ciberinteligencia? Las nuevas capacidades, el alcance, los medios y la inmaterialidad de los actores.

4. *Teletrabajo*

Si existen tres modalidades mediante las cuales desempeñar la jornada laboral, como son la modalidad presencial, híbrida y en remoto, ésta última desde que se vivió a escala mundial la pandemia de COVID-19 experimentó un cambio radical, pues aumentó exponencialmente. La incertidumbre paró el mundo prácticamente y con él la economía podría colapsar totalmente si no encontraba la manera de seguir operativa aunque fuera en sus servicios mínimos.

Entre las muchas medidas que se adoptaron para intentar hacer frente a esta situación crítica, acogerse al teletrabajo dejó de ser una opción, para convertirse en la única manera de poder conservar un trabajo debido a las restricciones de movimiento y las cuarentenas. Y de igual modo, la vía que contemplaron las empresas para no terminar en la quiebra. Las que pudieron desde luego, pues hubo muchas que no lograron sobrevivir a la crisis.

Desde entonces no ha dejado de crecer esta modalidad, que si bien presenta sus inconvenientes, sus ventajas en ocasiones se muestran más atractivas tanto para los trabajadores como para el sector corporativo. De hecho, muchas son las empresas que a día de hoy ofrecen más puestos de trabajo en remoto que de manera presencial.

Ahora bien, si volvemos sobre ese aspecto centrado en los inconvenientes que rodean al teletrabajo, sin lugar a dudas los ciberataques han logrado el puesto número uno en ese ranking. Esto sucede por varios motivos, el primero de ellos es que los sistemas instaurados para desempeñar las jornadas laborales teletrabajando se alojan en su gran mayoría en las nubes. Además, se pierde el factor de la comunicación física, por lo que los correos electrónicos, chats, videollamadas y aplicaciones se vuelven las protagonistas a la hora de transmitir información en tiempo real.

Si a estos factores se le suma, que no todos los trabajadores poseen los mismos conocimientos en cuanto a ciberseguridad o al menos desempeño, pese a que las empresas capaciten en mayor o menor medida a su personal, tenemos el escenario cuasi ideal para que los ciberdelincuentes saquen a relucir su mal conducido talento tecnológico y comiencen a atacar a aprovechándose de las vulnerabilidades y brechas de seguridad que presenta el teletrabajo.

Por tanto, la ciberinteligencia deberá hacer frente a este desafío, de tal manera que logre que no se detenga el flujo laboral y consecuentemente económico.

Asimismo, hemos de tener presente que muchos de estos teletrabajos lo desempeñan profesionales de la ciberinteligencia y ciberseguridad para monitorear en tiempo real las amenazas y tendencias de ciberataques, por lo que el reto será también por continuar desempeñando esa labor sin caídas de los sistemas que traten de impedirlo.

5. *Criptomonedas*

Pese a que las criptomonedas lleven ya un tiempo entre nosotros, estas monedas en versión digital que deben su funcionamiento a la tecnología del *Blockchain* (que cumple la función de un libro de contabilidad permitiendo el registro digital de las transacciones de criptomonedas[212]), pese a presentar ventajas relacionadas con su

---

212 Para conocer más a nivel usuario sobre las criptomonedas y el *blockchain* se recomienda la lectura de los siguientes artículos: Qué son las criptomone-

uso, el inconveniente es que si se pierde la contraseña personal para acceder a esa cartera virtual, con una alta probabilidad supondrá la pérdida del capital.

De lo anteriormente mencionado, hemos de quedarnos con el hecho de "perder" la contraseña, dado que al conocer este factor los usuarios de criptomonedas tendrán anotadas las mismas en algún soporte, ya sea físico o digital a fin de conservarlas. Y aquí, es donde entran en la escena los ciberdelincuentes, quienes con tiempo suficiente podrían dar con esas contraseñas en el caso de encontrarse apuntadas en algún archivo digital.

Incluso los más experimentados podrán lanzar ciberataques hacia las aplicaciones de las criptomonedas.Por todo ello, la ciberinteligencia deberá encargarse de reforzar la seguridad de estos sistemas, analizar las tendencias de los ciberataques e implantar mejoras a fin de prevenir pérdidas económicas que podrían llegar a ser a gran escala.

6. *Inteligencia artificial*

Hace unos años, cuando se nos pasaba por la cabeza pensar en las inteligencias artificiales, seguramente la gran mayoría de nosotros automáticamente recordaba a *Skynet*, esa IA que dominaba al ejército de las máquinas en la saga de las películas de *Terminator*.

En la actualidad pese a ser conscientes de que las inteligencias artificiales están desarrollando sus tecnologías a unos ritmos vertiginosos y que prácticamente casi todos los dispositivos tecnológicos traen una IA inserta aunque sea de las más básicas, aún se contemplan con recelo y desconcierto.

Antes de continuar con nuestra exposición, citaremos brevemente los tipos de inteligencias artificiales disponibles en la actualidad, para así poder comprender a qué retos se enfrentará la ciberinteligencia de cara a un futuro cada vez más cercano.

A) Las denominadas como "sistemas expertos", en comparación con las demás inteligencias artificiales, éstas son las más básicas

---

das: usos, ventajas y futuro – LISA Institute Vía Lisa Institute y ¿Qué es la tecnología de blockchain? | SAP Vía SAP.

en cuanto a su configuración y finalidad de uso. Y de hecho más extendidas entre los dispositivos actuales. Basan su funcionamiento en un grupo de pautas que le indican a la máquina qué acción llevar a cabo frente a un conjunto de tareas previas configuradas, por lo que, en base a esas pautas tomará una decisión cuando se le pida que ejecute una u otra tarea. Un ejemplo de este tipo de IA lo podemos encontrar en un programa (software) de control de *stock.*

B) Aumentando el grado de dificultad en su configuración, encontramos las "redes neuronales artificiales". Esta tipología de IA procesa la información gracias a unidades de datos e informaciones que interactúan entre sí, de cuanta más información disponga, más aprenderá. Por lo que paulatinamente y de manera automática va aumentando sus conocimientos.

Un ejemplo de esta IA fue el chatbot "cleverbot" que acaparó la atención de todos los cibernautas hace unos años por emular la capacidad de poder desarrollar una conversación con el usuario que interactuase con ella

C) La conocida como *Deep Learning* esta categoría de Inteligencia artificial está diseñada para realizar funciones con un alto grado de dificultad por el gran volumen de informaciones que manejan, lo que le permite generar mediante complejos procesos estimaciones y evaluaciones a gran escala.Y ello gracias a un complicado código que la configura. Es común usarlas en el sector financiero. Un ejemplo muy cercano de *Deep Learning* es Alexa, el asistente virtual de Amazon o Cortana el asistente virtual creado por *Microsoft*.

D) Inteligencia artificial integrada a la robótica, que si bien existen distintos tipos, cada vez es más usual ver a robots que gracias a la IA que traen incorporada pueden realizar distintos trabajos. En China por ejemplo, cada vez usan más este tipo de fusión entre robótica e inteligencia artificial, lo que está generando que en algunos sectores los humanos ocupen cada vez menos puestos de trabajos al estar siendo desarrollados por dichos robots.

E) Por último encontramos los "agentes inteligentes". Estas inteligencias artificiales se encuentran configuradas de manera que permiten prácticamente ejecutar pensamientos y razonamientos casi al mismo grado de dificultad que el del ser humano.

Ello lo logra gracias a su programación, en la cual se le dota de la capacidad de aprendizaje, con amplio margen de libertad y autonomía para que así pueda adquirir toda la información posible y así procesarla, de manera que casi como en un cerebro humano, se genera un banco de datos e informaciones en constante actualización, que posteriormente le brindará la capacidad de interactuar con las mismas y así tomar decisiones o ejecutar tareas que requieran razonamiento previo.

De hecho, en la actualidad pueden combinarse distintos tipos de inteligencias artificiales para que convivan e interactúen entre sí dentro de una misma máquina, sin entrar en conflicto y aplicando un sistema de reglas que permite jerarquizar entre ellas. Esto permite que todas puedan estar trabajando al mismo tiempo, es decir, realizar multitarea, sin solaparse.

Básicamente como un cerebro humano. Nuestro cerebro a lo largo del día ejecuta varias tareas, algunas en modo automático e inconsciente como el respirar o parpadear y otras de manera consciente, como hablar o caminar. Pues estas inteligencias artificiales podríamos decir que hacen lo mismo dentro del contexto que estamos hablando.

Para ilustrar lo mencionado, tenemos el ejemplo de *Sophia robot*[213] (imagen de abajo) creado por *David Hanson,* director ejecutivo y

---

213 En este artículo de *Innovación digital 360,* especializada en transformación digital, puede obtenerse más información específica sobre Sophia Robot: Sophia Robot: La revolución de los robots humanoides (innovaciondigital360.com)

creador de *Hanson Robotics*. En el caso de *Sophia robot*, que se trata de un robot humanoide, se han aunado distintos tipos de inteligencia artificial de última generación que le permite hacer procesos lógicos complejos, aprender y mantener conversaciones racionales con un alto grado de inteligencia. Por lo que, puede dialogar fácilmente sobre filosofía, historia, matemáticas, etc. E incluso tiene la habilidad de razonar de manera fundamentada y coherente.

Visto lo anterior y regresando sobre la temática de los desafíos que pueden suponer las inteligencias artificiales a la ciberinteligencia, partimos de la base de que las mismas precisan de regulaciones y marcos normativos específicos para establecer unas garantías y límites, los cuales se encuentran en la actualidad en desarrollo.

Pues bien, si desde el punto de vista legislativo se velará por la protección de datos y las informaciones (entre otros aspectos) a las que tengan acceso las inteligencias artificiales para salvaguardar la privacidad y evitar intrusiones y fugas de información, en este sentido la ciberinteligencia deberá establecer los mecanismos de protección oportunos, dentro de una monitorización de posibles amenazas que puedan generarse a largo plazo y que provengan del uso de las inteligencias artificiales y según cada tipología de las mismas.

Además, no olvidemos que las inteligencias artificiales no siempre operarán en su vertiente positiva de manera que sirvan a la evolución y soporte de instituciones, entidades e incluso personas y no es que no lo harán por ellas mismas, sino por quienes se encuentren detrás de sus programaciones, que podrán ser también los ciberdelincuentes, ciberterroristas y grupos organizados de cibercriminales. Por lo que en un momento dado, puede crearse un *malware* dotado de un complejo entramado compuesto de diferentes IAs y lanzar un ciberataque que "cambie de actitud" gracias a la ayuda de esas inteligencias artificiales, las cuales vayan decidiendo un cambio de rumbo dentro del sistema infectado conforme vayan detectando los distintos sistemas de protección implementados y así sortearlos.

En este sentido, hemos de tener presente también el empleo de las inteligencias artificiales dentro del contexto armamentístico militar, otro campo que no se lo pondrá nada fácil a la ciberinteligencia, que si bien siempre se mantiene a la vanguardia, nunca puede saber con un 100% de certeza cuál será el próximo paso del enemigo en cuanto a avance tecnológico.

7. *Ransomware*

El software malicioso especializado en el secuestro de datos y conocido por pedir rescates, para que los usuarios puedan volver a recuperar el control sobre sus equipos informáticos e informaciones, se posiciona como una de las primeras ciberamenazas de mayor impacto de cara al futuro.

Según los informes[214] realizados en base al registro de datos sobre la incidencia, *modus operandi* e impacto de este tipo de ciberataque, se prevé que aumenten exponencialmente y que evolucionen no sólo en su programación, las cuales se desarrollarán conscientemente para irrumpir en los sistemas de seguridad de los equipos informáticos y redes y así robar las informaciones, sino también se prevé que empleen un mecanismo de extorsión más agresivo.

---

214 informaciones recopiladas e informes realizados por: S2 Grupo (Empresa Española Especializada en Ciberseguridad | S2 Grupo) Zscaler (El Informe sobre Ransomware 2023 de Zscaler arroja un crecimiento en ataques de ransomware a nivel mundial de casi el 40 % | Zscaler) Bit Life Media (Así evolucionará el ransomware en 2023 (bitlifemedia.com)) y Watchguard (Internet Security Report Q2 2023 (watchguard.com))

Definiremos brevemente en qué consiste la extorsión, de acuerdo con su tipificación como delito regulado en el art 243 del Código Penal español:

> "El que, con ánimo de lucro, obligare a otro, con violencia o intimidación, a realizar u omitir un acto o negocio jurídico en perjuicio de su patrimonio o del de un tercero, será castigado con la pena de prisión de uno a cinco años, sin perjuicio de las que pudieran imponerse por los actos de violencia física realizados".

Por tanto, cuando se alerta de que con una alta probabilidad los métodos de extorsión que empleen serán más contundentes, hemos de tener presente la ingeniería social. Y sabiendo que ésta se caracteriza por manipular y engañar a la víctima, aprovechándose de su desconocimiento, carencias y vulnerabilidades psicológicas para que acceda a las pretensiones del ciberdelincuente, podemos entender que el grado de presión psicológica se verá acrecentada.

Es por ello, que posiblemente exista un tiempo de preselección y seguimiento de las víctimas las cuales posean activos de valor (capital o información sensible) para estudiarlas, detectar sus puntos débiles y posteriormente lanzar el ransomware. Pero en su versión reforzada y más sofisticada.

8. loT

Estas siglas se corresponden con su denominación en inglés a "*Lot of things*" por lo que podemos definirlo como "el internet de las cosas" y se refiere a la interconexión de dispositivos entre sí. Es decir, interconectar cámaras, móviles, coches, televisores y cualquier dispositivo que sea susceptible de conectarse a internet a una misma red.

De acuerdo con diversas fuentes especializadas, como por ejemplo *Bit Life Media*[215] portal experto en ciberseguridad y tecnología, las tendencias indican que este tipo de dispositivos serán (y de hecho, actualmente ya lo son) uno de los principales objetivos de los ciberdelincuentes y grupos organizados de cibercriminales, por su alta vulnerabilidad tanto para tomar el control de los dispositivos como para

---

215 Página web oficial: Bit Life Media | Noticias y actualidad ciberseguridad y tecnología

hacerse con las informaciones que contengan e incluso suplantar a los usuarios o hacerse con sus credenciales.

El motivo de que los dispositivos loT posean este alto grado de vulnerabilidad y por ende, aumenten los riesgos de sufrir ciberataques, se debe a la diversidad de los mismos. En otras palabras, aunque los dispositivos contengan la característica de conectarse a la red e interactuar con otros, presentan diferentes tecnologías, componentes, programaciones, configuraciones y estándares de seguridad. Una cámara digital tiene un software y tecnología distinta a la de un coche. Así como un dispositivo médico de última generación contará con una tecnología más compleja que la de un reloj digital.

Como es lógico, no se puede implantar el mismo tipo de tecnología y programaciones a absolutamente todos los dispositivos, puesto que el fundamento de la existencia de cada uno viene a cubrir una necesidad diferente.

Esto supone que usuarios y empresas puedan sufrir filtraciones, robo de información, suplantaciones y una larga lista de agravios. Y de ahí que suponga un reto de cara al futuro para la ciberinteligencia, el solventar estas brechas de seguridad y repeler los ciberataques de manera que se mitiguen las vulnerabilidades y consecuentemente, los daños tanto materiales como emocionales.

9. Geopolítica

El contexto geopolítico actual si bien se torna incierto, pueden observarse ciertas tendencias que obligarán a la ciberinteligencia a mantenerse ojo avizor, pues los hechos venideros con una alta probabilidad generarán escenarios cambiantes e inestables.

De un lado, las rivalidades de Estados Unidos y China, sostenidas a lo largo del tiempo, ante un pulso que dejaba a ambos países en algo similar a un empate (si se tenían en cuenta todos los factores que contabilizaban puntos fuertes y flaquezas de estos dos actores) si bien a día de hoy se mantienen, el crecimiento de China y su expansión puede desestabilizar esa balanza ante los ojos de Estados Unidos.

Este hecho, sumado a que Estados Unidos a día de hoy considera a China como una amenaza y sobre todo en el ciberespacio, puede detonar que ante un intento de volver a posicionarse sobre China comience una competición y no precisamente deportiva. Y como cabría esperar, observaríamos un tira y afloja entre ambas potencias, lo que traería consigo consecuencias de gran calado para la comunidad internacional. Sin obviar la capacidad armamentística, militar y tecnológica de dichos países, así como la de sus servicios de inteligencia donde integran a los equipos de ciberinteligencia.

Al margen, pero igualmente relacionado directa e indirectamente con los países anteriormente mencionados por sus posicionamientos, encontramos las tensiones y los conflictos en activo entre el resto de miembros de la comunidad internacional. Como por ejemplo, Kosovo y Serbia o Grecia y Turquía por la disputa eterna sobre Chipre, teniendo presente la actual guerra entre Rusia y Ucrania.

El mantenimiento de los conflictos y la incesante aparición de otros actuales, parece estar generando esta tendencia de habituarse a las contiendas en cualquiera de sus vertientes. Lo que sobrecarga el panorama internacional y podría convertir en un imposible generar un ambiente de consenso y estable.

De hecho, el peligro de tal escenario que aunque parezca un imposible, nunca es descartable, se encuentra en las nuevas modalidades a través de las cuales puede desencadenarse una guerra. Ya que, aunque la guerra convencional siga suponiendo una amenaza de terribles consecuencias, la aparición de la guerra híbrida y la guerra cibernética abren las puertas a la valoración de escenarios mucho más críticos.

Cuando hablamos de guerra híbrida[216] hemos de entender que esta tipología de contienda se caracteriza por ser una combinación de guerra simétrica y asimétrica. Con la guerra simétrica se hace referencia a conflicto armado convencional basado en el uso de la fuerza, mientras que la asimetría dentro de este contexto involucra el empleo de ataques dirigidos hacia otro aspecto del país al cual se le haya declarado la guerra, como a su economía, su política o vínculos internacionales dañando la relación con países terceros empleando métodos agresivos de persuasión o manipulación. Por lo que el daño causado, si la estrategia del atacante resulta exitosa, puede ser crítico.

216 No confundir con amenaza híbrida ni con conflicto híbrido.

En cuanto a guerra cibernética, se comprende que es aquella cuyo campo de batalla es el ciberespacio y los actores en conflicto se lanzarán diversos ciberataques, emplearán a la máxima capacidad la ciberinteligencia para localizar los puntos más débiles del enemigo y explotarlos al máximo. Como por ejemplo, atacar a sus instituciones y administraciones, sistemas financieros y banca, incluyendo infraestructuras críticas simultáneamente.

Como vemos, unos riesgos que no deben ser asumibles por los estados, ya que de darse a estas alturas una guerra cibernética de escala mundial, siendo conscientes de que nos encontramos inmersos en una hiperconexión que se mantiene durante las 24 horas del día y que la tecnología en mayor o menor grado se encuentra involucrada en todos los sectores de un país e incluso de su población, se podría generar tal caos que los daños causados podrían llegar a ser irreparables en muchos casos. Pues se daría el efecto dominó y todo comenzaría a derrumbarse en cadena, siendo seguramente lo primero, el orden público.

Los avances tecnológicos no se detendrán sino que aumentarán progresivamente, por lo que muy probablemente las empresas del sector, sobre todo las grandes multinacionales (comprendiendo desde componentes, semiconductores, software, programación, ciberseguridad...) poco a poco comiencen a sobresalir sobre las otras industrias. Ergo acapararán el flujo económico, lo que trae como consecuencia la incidencia directa sobre los estados y organizaciones internacionales.

Contemplando también, la cada vez más extendida transición hacia las energías renovables, que irá aunada a esos avances tecnológicos pero enfrentándose a la rigidez y resistencia de aquellos países cuyas economías se sostienen en mayor medida de los hidrocarburos.

A éste escenario internacional, le sumamos la presencia del terrorismo convencional y su expansión a través del ciberespacio, lo que se conoce a día de hoy como ciberterrorismo, donde paulatinamente el panorama se torna oscuro debido a su diversificación, expansión y capacidad de captación por cualquier medio y plataforma. Lo que le complica la tarea a la ciberinteligencia para poder detectar a tiempo tanto a redes de captación cibernéticas como a células durmientes que pueden desencadenar ciberataques simultáneos.

En resumen, un contexto geopolítico que se vaticina conflictivo y ocasionará más de una vez por todos los elementos expuestos, que la ciberinteligencia deba redoblar esfuerzos para mantener a raya a la gran amenaza que pesa sobre la seguridad y orden del ciberespacio.

10. Cooperación internacional

Resultará imprescindible establecer unos nuevos métodos y medidas de cooperación a nivel internacional, con la añadidura de reforzar las ya existentes. Pues teniendo en consideración que se espera un ingente aumento de ciberamenazas, es menester una red colaborativa y de apoyo sólida, eficaz y capaz de sostenerse pese a presión, tensión y celeridad en la ejecución de sus atribuciones.

Una fricción en las relaciones internacionales puede suponer que la cooperación se resienta y por tanto, afecte a los demás actores en cadena. En este sentido la ciberdiplomacia y el refuerzo de los vínculos existentes, así como la estimulación de creación de unos nuevos, serán factores claves y determinantes en muchos casos.

El reto de la ciberinteligencia dentro de este contexto, vendrá justamente en establecer esos medios y métodos para que la cooperación internacional pueda desarrollarse en todas sus vertientes (detección, monitorización y análisis de ciberamenazas y ciberataques. Generación de estrategias. Prospectiva. Persecución de cibercriminales y grupos organizados. Protección y defensa...)

11. Legislación

El derecho será el compañero de la ciberinteligencia en esta carrera de fondo y precisarán de una cierta sincronía o al menos, compenetrarse y mantenerse cercanos. La necesidad de este requisito proviene de un concepto clave, pues para que la ciberinteligencia pueda avanzar en el desempeño de sus competencias, deberá contar con una legislación sobre la que apoyarse y avalar los nuevos sistemas de protección y defensa que logre desarrollar ante las ciberamenazas que se espera aparezcan.

E igualmente, los marcos normativos deberán conocer sobre qué aspectos es necesario promulgar nuevas normas, priorizando y no desatendiendo ningún precepto necesitado de modificación. Ya que, como hemos visto la falta de regulación trae consigo como consecuencia, que no se puedan sancionar acciones que de haberse encontrado tipificadas con anterioridad, hubieran dado como resultado una condena significativa.

Ahora bien, el desempeño de esta labor en conjunto por parte del derecho y la ciberinteligencia debe comprenderse en un sentido amplio. Es decir, aplicada a los sistemas legislativos internos de los estados, a los tratados, acuerdos y convenios internacionales, así como los sistemas normativos que configuran a las organizaciones presentes en la comunidad internacional.

Contemplado desde un escenario crítico, una carencia de regulación específica puede poner en suspenso y dilatar en el tiempo más de lo conveniente y deseado cualquier actividad que deba ejecutarse para asegurar el mantenimiento de las garantías mínimas de un estado de derecho y la salvaguarda de los estados.

Además, en lo relativo a los tratados y convenios internacionales, se le suma el factor del consenso por parte de los estados, pues la falta del mismo también puede suponer una dilación a la instauración de nuevas normas que pretendan acudir a una necesidad del momento.

Como por ejemplo, nuevas leyes cuya finalidad sea duplicar la seguridad de los dispositivos tecnológicos y para ello, se aumente el número de obligaciones exigidas a las empresas tecnológicas y éstas puedan mostrarse disconformes en varios sentidos.

Tal tesitura podría ocasionar varios escenarios, entre ellos una emigración de empresas hacia otros países cuyos marcos normativos fueran menos exigentes y teniendo presente que muchos países actualmente obtienen sus mayores ingresos de los tributos de las empresas tecnológicas e incluso realizan actividades en conjunto que suponen una inyección de capital, este factor podría ser germen de falta de consenso ante el intento de asentar marcos normativos comunes a nivel internacional.

Otro aspecto a abordar será la armonización de los distintos sistemas legislativos en aquellas materias donde se precise instaurar una normativa común para aumentar la efectividad, garantías, derechos y protección de la población civil frente a las amenazas del ciberespacio.

Pues cuanta más leyes, reglamentos y tratados se generen al respecto, mayor será la necesidad de realizar una labor de revisión a fin de evitar colisiones legislativas, las cuales pueden derivar no sólo en dilaciones indebidas, sino también en errores procedimentales por falta de especificación y/o exceso de ambigüedad terminológica, entre otras consecuencias.

Por último, el espacio. El cual aún continúa siendo un terreno por explorar pese a los avances con los que se cuentan y los conocimientos que ya se poseen, pero que gracias a las tecnologías actuales y futuras, poco a poco se estará más cerca de ir descubriendo sus misterios. Y será durante este proceso donde la ciberinteligencia y el derecho deberán mantener un rol protector y vigilante, pues nunca se terminarán de conocer las intenciones ocultas ni de los estados, ni de los ciberdelincuentes.

Y sí, somos conscientes de que quizás para el lector muchos de los escenarios expuestos puedan resultarle a priori, inimaginables o muy poco probables y tal vez lo sean, pero una de las características de la inteligencia y de hecho, de la ciberinteligencia es contar siempre con la teoría del cisne negro[217].

12. Desconocimiento

La carencia de conocimientos en ciertos contextos y áreas puede resultar peligrosa, motivadora de conductas impulsivas, derivar en la toma de decisiones poco meditadas y desacertadas, producción de daños colaterales y perpetuación de la ignorancia por rigidez mental.

---

[217] La teoría del cisne negro, la cual fue introducida por el investigador y financiero *Nassim Nicholas Taleb*, y solía aplicarse al ámbito económico, hace alusión a aquellos hechos impredecibles, con los que no se contaba ni se esperaba bajo ningún modo que pudieran darse y al producirse final y efectivamente, general un gran impacto y desestabilización.

Con ello hacemos alusión nuevamente y de manera reiterada en el presente manual, al factor humano y más que en un ámbito laboral (que también es una de las mayores vulnerabilidades aprovechadas por los ciberdelincuentes) nos referimos a la población actual. No obstante, vayamos por partes.

En cuanto a la formación o nivel de conocimientos sobre el ciberespacio, ciberseguridad, así como de ciberamenazas existentes, aún a día de hoy pese a la información disponible y las labores de concienciación llevadas a cabo a nivel estatal, es realmente escaso.

Para comprender los peligros que entraña la desinformación, nos basaremos en un supuesto, donde dividiremos a la población en sectores según su rango de edad. El sector nº1 compuesto por menores y adolescentes, el sector nº2 de adultos y por último en sector nº3 que agrupa a las personas de la tercera edad.

El sector nº1 conformado por menores y adolescentes, no presenta brecha tecnológica significativa, dado que prácticamente desde que nacieron comenzaron a involucrarse con las tecnologías e internet, mas este factor no implica un alto grado de conocimiento sobre informática, ciberseguridad y ni mucho menos noción de la existencia de ciberdelincuentes y las consecuencias de los ciberataques que pueden llegar a lanzarles.

De hecho esa familiarización con las tecnologías y en concreto con internet y las redes sociales, conlleva la falta de observancia del peligro existente y sobreexposición. Una falsa sensación de seguridad que automáticamente los convierte en víctimas potenciales de cualquier ciberdelincuente que mediante el uso de la ingeniería social, podría efectuar en cualquier momento un ataque.

Acciones cotidianas que han normalizado tanto en su día a día como compartir historias en instagram, tweets en X o post en facebook. Ofrecen información sobre las personas con las que están, qué están haciendo en un momento en concreto, dónde están, cómo identificarlos, desde qué dispositivos publican, qué harán después y dónde viven, etc.

Que sin darse prácticamente cuenta, le están dando el trabajo hecho a cualquier cibercriminal, el cual no tiene nada más que hacer que emprender el ciberataque, pues lo conoce todo de la víctima y gracias a ésta. Por lo que realizar actividades y talleres de concienciación con y para los más jóvenes es imperativo, para que aprendan a navegar y desenvolverse por el ciberespacio de manera consciente, consecuente y segura.

Quizás en estos instantes se pueda llegar a la conclusión de que este deber educativo corresponde en gran medida a los tutores legales y padres. No obstante, entramos en el terreno de ese segundo sector, el de adultos. Quienes dependiendo de su formación educativa, trabajo y grado de conocimiento de las nuevas tecnologías, se encontrarán más versados o no en la materia.

Por lo que, si ni siquiera ellos mismos poseen nociones básicas sobre ciberseguridad ni conciencia sobre los riesgos que pululan en el mundo virtual, difícilmente podrán sembrar conciencia sobre los menores que se encuentren a su cargo.

Asimismo, suele ser el sector más susceptible de caer en las redes de las campañas de desinformación, dando como válida cualquier noticia o información sin contrastar con otra fuente, asignándole la característica de veraz únicamente porque ven que se encuentra publicada en una página web o plataforma online.

Y más vulnerable es en estos términos el sector compuesto por personas de la tercera edad, las generaciones más longevas y que sí que suelen presentar una brecha tecnológica importante. Lo que lamentablemente los convierte en objetivos fáciles para los ciberdelincuentes.

Pues estamos hablando de unas generaciones que desde edades muy tempranas tuvieron que dedicarse a trabajar, sin poder acceder a unos estudios básicos e igualmente formaron sus familias siendo aún bastante jóvenes dando como consecuencia el tener que continuar trabajando a destajo para mantener a todos sus miembros.

Es por todo esto que la ignorancia o el desconocimiento, según del sector sobre el que hablemos, en algunos es por elección o inconsciencia y en otros por imposición derivadas de sus circunstancias personales y generacionales. Sea como fuere, existe una problemática respecto del grado de desinformación de la población.

Sin embargo, es una circunstancia salvable que puede encaminarse mediante la realización de más campañas de información, talleres y cursos destinados a educar y formar a todos los sectores de la población. Que sin bien ya se lleva a cabo a día de hoy, tanto a nivel gubernamental como por parte de organizaciones sin ánimo de lucro compuestas por profesionales del sector tecnológico, ciberseguridad e inteligencia, precisa de un desarrollo más constante y activo.

Como vemos, la población es el factor vulnerable por excelencia y sin una ciudadanía bien formada, preparada y capaz, los cibercriminales siempre tendrán una vía disponible mediante la cual atacar. Hecho por el cual la ciberinteligencia deberá actuar diligentemente de manera periódica para monitorizar y detectar los patrones de los ciberdelitos dirigidos especialmente al ámbito civil.

Ésto no sólo servirá para poder continuar efectuando una labor de concienciación, sino para mientras tanto (hasta lograr que sea más alto el porcentaje de civiles con conocimientos sobre ciberseguridad y los riesgos y amenazas a las que se encuentran expuestos) continuar estableciendo protocolos, pautas y políticas de seguridad en las redes, dispositivos y equipos informáticos que protejan a los usuarios y repelan dentro de lo posible cualquier intento de ataque o penetración en los sistemas no deseada.

Todos los elementos y tendencias que supondrán de cara a un futuro más cercano que lejano, una serie de desafíos a la ciberinteligencia a su vez se encuentran interconectados, pues debemos ser conscientes de que aunque a priori parezcan parcelas cerradas sin capacidad de influir en las demás, todo pende de un sistema imperceptible a la vista pero existente.

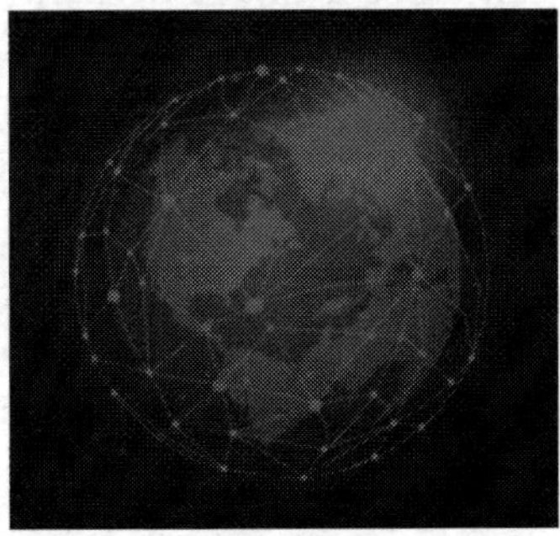

El orden y la seguridad son factores determinantes para la continuidad de todos ellos, para que de manera armonizada puedan confluir cada una dentro de su propio ecosistema y la ciberinteligencia se trata de uno de los medios actuales para lograr este propósito y necesidad e irá ganando protagonismo confirme los desarrollos tecnológicos aumenten y continuen transformando el mundo que a día de hoy conocemos.

Para concluir el presente capítulo haremos mención a lo que según diversas fuentes podría ser otro reto para la ciberinteligencia, pero que hemos decidido no incluirlo en el listado anterior, no por desmerecer a los profesionales que hicieron mención al reto que expondremos a continuación, sino por discrepancia de opinión.

Y es que, se afirma que la escasez de talento en ciberseguridad será otro desafío a superar. De hecho, ofrecen datos incluso que justifican tal aseveración y no seremos nosotros quienes los cuestionemos. Pues a lo que hacen referencia es a la falta de profesionales en el sector ante una gran demanda.

Reiteramos que lo que verteremos seguidamente es únicamente una opinión, por lo que se invita al debate y a que el lector se cuestione si realmente existe una escasez de talento o no. Pues dicha opinión no se encuentra respaldada por cifras sino por la experiencia y observación desde el sector de la ciberinteligencia y ciberseguridad.

Y es que, denominar escasez de talento a una falta de cupo de profesionales no lo consideramos como la mejor de las conceptualizaciones. Pues el talento es algo que se trabaja, se esculpe y se mejora. Si bien es cierto que existen personas con un talento innato para cualquier actividad, profesión o arte en esta vida, en la mayoría de los casos, la existencia de talento sin la presencia de una formación, guía, constancia, persistencia y autoexigencia, puede pasar desapercibida o quedarse finalmente en sólo una estela de lo que pudo ser y nunca fue.

En lo que a ciberseguridad y ciberinteligencia respecta, no sólo existe talento, sino ganas y motivación por aprender y ser de ayuda para lograr extender los conocimientos inherentes a ambas ciencias que tan necesarios son. Si bien, lo deseable sería que un porcentaje alto de la población compartiera esos intereses, no se considera justo no dar visibilidad a ese sector que sí muestra ese entusiasmo.

Por otro lado, en lo que a la escasez de profesionales del sector respecta, cada vez son más las personas que se capacitan para ser profesionales bien dedicados a las tecnologías, programación, inteligencia, ciberseguridad, ciberinteligencia, etc. Sin embargo, la problemática viene dada por sus perfiles que bien no poseen la experiencia requerida para los puestos ofertados en estos sectores (y nos referimos a experiencia de años) o bien dichas ofertas de trabajo exigen formación complementaria que no está obligatoriamente ligada con la ciberinteligencia o ciberseguridad, pero que al carecer de ella, se convierten en elementos excluyentes aunque los postulantes tengan altas capacidades y conocimientos sobre ciberinteligencia.

Como por ejemplo sucede con los idiomas, pues pocos son los puestos de trabajo donde no pongan como criterio condicional el poseer un alto y fluido nivel de inglés. Y a día de hoy, piden otros idiomas como árabe, ruso o chino.

Que si bien son muy necesarios y más debido a los perfiles multiculturales de las empresas, quizás lo idóneo sería ofrecer algo más de flexibilidad y permitir que se diera esa formación durante el desempeño del trabajo, de manera que el profesional se contraría en activo y ejerciendo su rol de experto en ciberinteligencia o ciberseguridad por lo que estaría aportando valor a la empresa y posteriormente lo aumentaría tras lograr ese elemento del idioma.

Por tanto, sí es necesario que el número de profesionales en este sector aumente, pero también se consideraría idóneo el ofrecer oportunidades a perfiles junior y a aquellos que aunque menos duchos en idiomas, carencia que puede ser cubierta, pueden aportar a las empresas seguramente más de lo esperado.

Capítulo 7

Conclusiones: errores normativos y de no regulación

Visto el desarrollo regulatorio de la ciberinteligencia, cabe realizarse el siguiente balance, con especial atención a los errores normativos y su no-regulación.

Cada avance que se ha ido sucediendo a lo largo de la historia, bien buscado o sobrevenido, e incluso algunos con más connotaciones negativas que positivas a priori, ha implicado emprender un camino desconocido en gran medida, hecho que ha supuesto la necesidad de ir adquiriendo conocimientos sobre la marcha, lograr éxitos así como, cometer desaciertos y gracias a ellos mejorar, ya que la experiencia es un grado, así sea en cometer errores.

De igual modo, ha sucedido con la ciberinteligencia y las legislaciones de cada nación e incluso las de relevancia internacional. En este caso quien ha marcado el rumbo y velocidad para recorrer el mismo, ha sido el avance tecnológico. A ello ha de sumársele que cada progreso en el ámbito tecnológico y digital, ha tenido repercusión directa sobre todas las parcelas que configuran los países (sociedad, economía, administraciones, legislación, empresas…)

Así pues nos encontramos ante un panorama diversificado en tres vías:

1ª Desarrollo tecnológico

→

La presteza con las que las tecnologías han evolucionado, en más de una ocasión han originado que los estados hayan tenido que forzar la maquinaria jurídica para instaurar actualizaciones sobre las leyes preexistentes y así no generar vacíos que derivasen en inimputabilidad por carencia de regulación y otras, a la promulgación de nuevas normas en las cuales predominaba la falta de claridad y exceso de ambigüedad.

De hecho, en ejemplos recopilados en los capítulos anteriores, pudimos apreciar cómo en más de una ocasión hubo de realizarse una doble labor legislativa, debido a esas ambigüedades existentes. La falta de claridad en un conjunto de normas o en una sola, trae consigo diversas consecuencias que los sistemas legislativos no se pueden, ni deben permitir. Hemos ahí, uno de los primeros errores.

El lenguaje jurídico se caracteriza por ser directo, preciso y claro. No debe dejar nada a la libre interpretación, ni dejar margen a la tergiversación. De ahí la necesidad de que tenga la capacidad de definir, describir y desarrollar con amplitud.

Un alto manejo del lenguaje y habilidad de transmitir.

La carencia de estos elementos propicia confusión interpretativa, que degenera en colisiones normativas, dilaciones durante el desarrollo de los procesos judiciales e impedimento a la hora de aplicar normas o emitir sentencias. Por ende, si este factor de por sí, continúa presente aunque trate de paliarse dado que somos humanos y en algún momento la ambigüedad hace acto de presencia en alguna norma aunque sean en pocos casos, si extrapolamos al ámbito cibernético la dificultad aumenta.

Al tratarse la tecnología y posteriormente el mundo digital de una materia desconocida en sus inicios, pues recordemos que desde sus orígenes el derecho venía regulando a la sociedades, para instaurar orden, garantizar la seguridad y asegurar su estructura y capacidad de abastecimiento.

Y si bien, las legislaciones se fueron adaptando a las primeras invenciones y maquinarias tecnológicas, como por ejemplo el telégrafo, los márgenes temporales para la adecuación normativa a las nuevas necesidades eran más amplios, hasta que el desarrollo tecnológico comenzó a coger carrera.

Comenzando a desenvolverse en torno a unos conocimientos técnicos específicos y sobre los que no se poseen los conocimientos necesarios dentro de la atmósfera legislativa, añadiendo igualmente los términos informáticos los cuales en su gran mayoría son importados. Así pues, la suma de todos estos factores en muchos casos han sido óbice para la promulgación de leyes claras.

Otra cuestión a la que ha de hacerse frente es a la carencia de regulación normativa específica, situación generalizada en el ámbito internacional aunque con mayor o menor grado dependiendo del país del que se trate. No obstante, en el caso de Latinoamérica la escasez legislativa sobre la materia es significativa.

De acuerdo con la investigación llevada a cabo por D. Juan Manuel Aguilar Antonio[218], Investigador postdoctoral de Ciberseguridad de la Universidad Nacional Autónoma de México, Latinoamérica aún no ha alcanzado el ritmo de otros países, como por ejemplo de los que son miembro de la OTAN, en lo concerniente a ciberseguridad.

Si bien esa situación de no mantenerse al mismo nivel que el resto de países de la comunidad internacional, es multifactorial y precisa de análisis pormenorizado por separado, ya que cada país de la América Latina convive igualmente con sus propias desavenencias políticas, económicas y sociales, las consecuencias derivadas de la ausencia de concienciación gubernamental, priorización en otros sectores, escasez de medios, limitación de capacidades y ausencia de legislación específica que verse sobre ciberseguridad, pueden ser críticas.

Asimismo, si sus sistemas jurídicos no poseen leyes específicas destinadas a prevenir y sancionar los ciberdelitos, los ciberdelincuentes hacen de dichas áreas sus principales puntos de ataque, como ya viene sucediendo y tanto es así, que continúa en aumento.

Sergio Navarro, quien es *chief architect and consulting officer* de la empresa mexicana IQSEC[219] dedicada a las tecnologías y ciberseguridad, expuso en su ponencia "*Por un México Ciberseguro*"[220] esta pro-

---

218 *Juan Manuel Aguilar Antonio, «La brecha de ciberseguridad en América Latina frente al contexto global de amenazas», Revista de Estudios en Seguridad Internacional, Vol. 6, No. 2, (2020), pp. 17-43. DOI: http://dx.doi.org/10.18847/1.12.2*

219 Página web de IQSEC: https://www.iqsec.com.mx/es/

220 Acceso al contenido completo de la ponencia en YotuTube: Por un México Ciberseguro: Sergio Navarro - YouTube

blemática advirtiendo de la necesidad de actualizar la legislación de México, incluyendo su código penal.

Pues sin tipificación precisa que defina ciberdelitos, persiga a los ciberdelincuentes el grado de incidencias, ciberataques efectuados con éxito, inseguridad y exposición es ingente. No obstante, ha de abordarse la problemática en marcos generales, pues determinar unas estrategias basadas en la ciberinteligencia es otra de las tareas pendientes.

Según los datos recopilados tras el análisis realizado por los expertos de *Kaspersky*[221], efectuado dentro de un período comprendido entre los meses de junio y julio de 2021 a 2022 y junio y julio de 2022 a 2023, han aumentado el número de ciberataques en Latinoamérica, en concreto el de *phishing* y troyanos de manera exponencial.

El ranking ofrecido por *Kaspersky*, de países latinos con mayor número de intentos de ciberataques, se configura de la siguiente manera:

1. Brasil: contabilizando un total de 134 millones
2. México: 43 millones
3. Perú: 31,5 millones
4. Colombia: 30,9 millones
5. Chile: 10,5 millones
6. Argentina: 9,4 millones

Y la lista continúa.

Cifras alarmantes y que precisan de un rol activo por parte de sus gobiernos para instaurar sistemas de protección efectivos y que sean capaces de responder ante cualquier tipo de intento de intrusión, de lo contrario el escenario pintará más oscuro que en 2022, año donde Costa Rica sufrió un golpe que acaparó los medios de noticias online.

---

221 Acceso a la publicación en el blog de Kaspersky: Panorama en América Latina 2023 | Blog oficial de Kaspersky

El grupo de cibercriminales denominado "*Conti*[222]" cuya sede según las investigaciones se piensa que se encuentra en Rusia, se trata de un grupo organizado dedicado al cibercrimen, que se caracterizan por dirigir sus ciberataques a países para posteriormente exigir cifras millonarias para la recuperación de sus sistemas. Hablamos de ciberataques agresivos de ransomware que ocasionan daños críticos, pues paralizan la actividad de los estados al dirigir los ataques a los sistemas y redes internas de sus instituciones y administraciones, lo que degenera en la congelación total o parcial de los servicios y actividades para el funcionamiento de un país.

En 2022 Costa Rica se convirtió en el objetivo del grupo Conti, atacando al gobierno ejecutando el ataque hacia sus ministerios, efectuando un robo de información en masa y exigiendo el pago de diez millones de dólares para devolvérsela. No obstante, la pérdida de información en primera instancia no fue la única, ya que al detenerse por el ataque los sistemas de los distintos ministerios del país, cayeron los sistemas de recaudación (entre otros) por lo que el flujo económico se detuvo.

De hecho, Costa Rica no fue el único país de América Latina que terminó siendo víctima de este grupo organizado de cibercriminales, pues la Dirección General de Inteligencia de Perú (DINI[223]) también fue atacada. Sin embargo, los ciberataques no cesaron, ya que de la mano de otros grupos de *hackers* Colombia tuvo que presenciar como 10 teras de su Fiscalía General fueron robados.

Teniendo presente que 10 Terabytes equivalen a 1.250 GB que en palabras serían unas 625.00.000 y estimando que en un documento de word, con un encuadre prefijado y un interlineado simple, sin imágenes pueden caber 500 palabras aproximadamente, estaríamos hablando de 1.250.000 documentos.

---

222 Información extendida sobre el grupo Conti: Blog de Akamai | Manuales del hacker de Conti: leídos, revisados y analizados

223 Página web oficial de la Dirección General de Inteligencia de Perú: Dirección Nacional de Inteligencia - DINI - Plataforma del Estado Peruano (www.gob.pe)

Según las fuentes, entre esa información robada no se encontraban datos o informaciones de carácter confidencial, por lo que la información correspondiente a casos de narcotráfico, declaraciones de informantes y similares no cayeron en manos de los cibercriminales.

No obstante, no deja de ser un hecho muy grave y perjudicial, pues se tratan de documentos jurídicos que aunque no tuvieran información clasificada, igualmente eran relevantes. Ninguna Fiscalía General del estado que sea, puede ni debe permitirse tales brechas de seguridad, carencia de políticas y protocolos de seguridad en sus sistemas y ni mucho menos no contar con sistemas de detección temprana.

Por su parte, México fue víctima de un ciberataque que le obligó a congelar por dos meses (noviembre y diciembre de 2022) los servicios de tramitación de documentación y concesión de permisos correspondientes al sector de transportes y aéreo. Dado que, la Secretaría de Infraestructura, Comunicaciones y Transportes[224]fue infectada con un virus que comprometió a 110 de sus ordenadores. Un ciberataque dirigido hacia las infraestructuras críticas y que nuevamente paralizó a una nación. Y si bien, el gobierno mexicano anunció que el ciberataque se encontraba contenido y no continuaría infectando a más equipos informáticos, el daño efectivamente se produjo.

La tendencia este 2023 no ha sido diferente en Latinoamérica, pues a dos meses de terminar el año, el Registro Electoral de Argentina, debido a una vulnerabilidad en su sistema ha sido atacada y la información de carácter personal de seis mil civiles ha quedado totalmente expuesta a los ciberdelincuentes.

Como podemos apreciar, la ausencia de regulación normativa específica puede ser catastrófica y sólo nos hemos centrado en América Latina. Por lo que, hemos de tener presente que a nivel internacional también se precisa de más concreción legislativa, como por ejemplo sobre protección de datos de carácter personal y las inteligencias artificiales.

---

224 Página web oficial de la Secretaría de Infraestructura, Comunicaciones y Transportes de México: Secretaría de Comunicaciones y Transportes | Gobierno | gob.mx (www.gob.mx)

Pues como vimos con anterioridad, las inteligencias artificiales más sofisticadas y las que se esperan que continúen desarrollándose necesitarán de una regulación específica para controlar el tratamiento de datos personales, normas claras que abarquen todos los aspectos esenciales y no den margen a ningún tipo de laguna que pueda ser aprovechado o bien por las empresas para no responder ante cualquier posible vulnerabilidad en las programaciones de las IAs y por ende, los ciberdelincuentes o ser fundamento para futuras interpretaciones erróneas que deriven en tergiversaciones de otras normas relativas a la materia.

De igual modo, se considera pertinente establecer unas medidas sancionadoras razonables, debido a que en varios casos se ha registrado imposición de sanciones desproporcionadas y este hecho conduce a que la eficacia y finalidad perseguida por los sistemas legislativos se difumine.

Entramos en el terreno del "ni tanto ni tan poco", pues los extremos nunca consiguen hacer frente de manera pertinente y apropiada a los sucesos que acontecen. Un sistema jurídico equilibrado, del cual pueda desprenderse que tras de sí se ha llevado a cabo una labor concienzuda y meditada, centrada asegurar a largo plazo el orden, seguridad y garantías correspondientes a un estado de derecho en toda su esencia, es clave.

Y cuando hablamos de equilibrio, aludimos de igual modo a la coherencia normativa. Si un marco legislativo que no sea capaz de concentrar normas específicas genera dificultades a un estado, también lo es aquel que regula absolutamente todo los factores de su territorio constriñendo a su población, instituciones y empresas.

Como es el caso de China, donde como pudimos ver páginas atrás, debido a su estricta legislación sobre el uso de las tecnologías y el ciberespacio, en más de una ocasión ha generado debate internacional, al considerarse que tiene tendencia a vulnerar los derechos fundamentales de sus ciudadanos.

Situación generada por exceso de restricciones, coartar el derecho a la libertad de expresión, así como el derecho al desarrollo personal de sus civiles en el ámbito cibernético. Y ello, propiciado por la implantación de unos protocolos y medidas de control en sus redes y sistemas, que si bien hacen de su espacio digital un lugar no fácilmente vulnerable, lo que sí que vulnera es a una población que pretende hacer uso de sus derechos libremente.

Continuando con los factores que suponen un error, encontramos la falta de consenso internacional, donde encuadramos también la carencia de estándares comunes relativos a la ciberinteligencia y ciberseguridad. Pues de lograrse un acuerdo por parte de la comunidad internacional, donde las legislaciones consiguieran armonizarse y así instaurar políticas comunes, no sólo se vería reforzada la protección, las políticas de seguridad y todo el conglomerado encargado de la defensa de los sistemas, redes y equipos informáticos ante las ciberamenazas presentes en el mundo virtual.

Sino que también la persecución de los ciberdelincuentes y organizaciones de grupos de cibercriminales sería posible, sin ningún tipo de fronteras o limitación por colisiones normativas o intromisiones entre distintas jurisdicciones, lo que supondría una bajada significativa de la incidencia de los ciberataques.

Contando con que la tasa de penas impuestas aumentaría exponencialmente, lo que generaría en gran medida un efecto disuasorio para la comisión de ciberdelitos. Sin embargo, alcanzar tal nivel de consonancia entre todos los actores internacionales, sin ánimos de ser pesimistas, a día de hoy puede contemplarse como una utopía. No obstante, debido a lo incierto del panorama ante el desconocimiento sobre cómo y cuáles serán los desarrollos tecnológicos que seguirán a los ya existentes, quizás pueda lograr sino una unanimidad, un acercamiento legislativo con reservas más evolucionado que el actual.

Ahora bien, manteniéndonos en este presente hallamos otro desacierto sobre el cual aún se encuentra trabajando en cada nación (en algunas más que otras), nos referimos a la coordinación entre las distintas administraciones e instituciones, gracias a lo cual la labor que realiza la ciberinteligencia lograría ser más eficaz.

Una coordinación conjunta, se traduciría en una detección, monitorización, análisis y posterior generación de estrategias que incrementaría sobremanera la efectividad, tanto en la detección temprana de ciberataques como su contención o bloqueo. En cuanto a brechas de seguridad, estas se reducirían y por ende los riesgos. Y así, una disminución de vulnerabilidades y aseguramiento de unas garantía sólidas de protección.

Siendo conscientes de que no se trata de una concentración de servicios, sino de la instauración de un orden en base a técnicas especializadas, dirección común, asertividad en la comunicación y un flujo constante de traspaso de información que permita a todas las administraciones e instituciones mantenerse proactivas y resilientes.

Mención hecha a la coordinación, se observa que la presencia de la misma aplicada a los estándares de ciberseguridad con los que deben contar las empresas, ya se traten de PYMES o multinacionales, debe y tiene que mejorar dentro de los marcos normativos.

De hecho, elevar el nivel de exigencia de dichos estándares y que efectivamente sean insertados y desarrollados por las corporaciones es un factor fundamental. Pues de un lado, facilitaría las vías de acción para que la ciberinteligencia pudiera ampliar su campo de actuación. Lo que implicaría que los períodos temporales para llevar a cabo monitorizaciones, detecciones y análisis, se acortarían. Y así, las estrategias sobre defensa y prevención contra las ciberamenazas y los ciberataques podrían aplicarse mucho antes.

Asimismo, por otro lado, si bien no se igualarían las posiciones dentro de esta carrera contrarreloj contra los avances tecnológicos, al menos la distancia para alcanzarlos y comprenderlos no sería tan marcada, pues muchas de esas mismas empresas de manera interna, al encontrarse a la vanguardia en cuanto a ciberinteligencia y ciberseguridad, verían aumentadas sus capacidades.

Es más, el aumento de capacidades se perfila como esencial, teniendo presente el ritmo en que las Inteligencias Artificiales están avanzando. Por lo que las mismas podrán convertirse en unas grandes aliadas para las empresas o en un gran inconveniente.

Sin obviar a las corporaciones encargadas del desarrollo de esas inteligencias artificiales, ya que sobre las mismas deberán aplicarse estándares de ciberseguridad, más las regulaciones específicas sobre inteligencias artificiales a fin de prevenir cualquier brecha de seguridad y posterior vulnerabilidad dentro de sus configuraciones, pues podrían acarrear una ola de ciberataques si los ciberdelincuentes logran encontrar alguna fisura en las programaciones de las IAs.

Tan delicado resulta el terreno de las inteligencias artificiales, que la Ley de Inteligencias artificiales[225] que anunció la Unión Europea a mediados de 2023, según los medios de comunicación online[226] ha quedado "prácticamente obsoleta" antes de poder promulgarse efectivamente. Asunto que no es de extrañar, pues se trata de un ámbito de rápido desarrollo y cambiante, lo que exige por parte de los legisladores celeridad en la redacción de las normas, pero sin desviar el foco de la debida diligencia y rigurosidad, que acoja todos los aspectos (desde generales, hasta más específicos) sobre la materia a regular.

Sumando más pendientes a la lista de los marcos normativos sobre ciberinteligencia, para poder hacer frente al devenir tecnológico generando unos óptimos sistemas de defensa ante las amenazas próximas del ciberespacio, nos detenemos en la necesidad de plantear una regulación pormenorizada y exhaustiva sobre el alcance y limitaciones de los servicios de inteligencia y equipos de ciberinteligencia de cada nación a la hora de llevar a cabo las tareas de obtención de datos e informaciones.

Ello es debido, a que si bien las leyes de protección de datos y privacidad, tanto nacionales como internacionales a día de hoy protegen la privacidad y limitan el acceso a la información personal a través de los motores de búsqueda y navegadores de uso cotidiano, los agentes y personal de dichos servicios de inteligencia precisan contar con una directrices claras sobre sus limitaciones a la hora de efectuar las tareas asignadas, ya que en muchas ocasiones la línea de la legalidad puede tornarse demasiado fina y una información obtenida ilícitamente, deja de ser válida en un proceso.

---

225 Acceso a la noticia publicada en la web del Parlamento Europeo el día 12 de junio de 2023 sobre la Ley IA de la UE: Ley de IA de la UE: primera normativa sobre inteligencia artificial | Noticias | Parlamento Europeo (europa.eu)

226 Vía Xataka: La ley de inteligencia artificial de la UE ha nacido obsoleta. Así que ya está preparando la siguiente (xataka.com)

Una regulación más detallada y ampliada, aportará no sólo a respetar los límites legales y proteger los derechos, sino también a mantener dentro de dicho terreno profesional unas buenas prácticas y éticas.

Contemplando, de igual modo, que en el caso de sufrir internamente un contraespionaje, al contar con las limitaciones aplicables, el adversario o enemigo encubierto no podría obtener lo buscado con una muy alta probabilidad. Aunque es un asunto a debatir, ya que dependería de más factores.

De hecho, en la actualidad esa actividad de obtener datos de carácter confidencial o no protegidos, no se trata de una parcela reservada únicamente para los agentes de los servicios de inteligencia. Pues encontramos la cara B de la moneda, la actuante desde la ilegalidad en la mayoría de las ocasiones, dado que el interés que se esconde tras esa obtención de información de manera ilícita, es el enriquecimiento que se produce tras vender los datos recopilados.

Nos referimos a las apodadas como "*Data Brokers*" que se tratan de aquellas empresas cuyos servicios se basan en la venta de información. Esa información es recopilada de los usuarios a través de los algoritmos que detectan preferencias, gustos, etc. Los medios de recopilación son las páginas webs, redes sociales, aplicaciones y demás plataformas online que permiten su uso de manera gratuita.

Esa gratuidad lleva consigo que se acepten una serie de condiciones, que casi ningún usuario se detiene a leer, entre ellas se encuentra la recopilación sobre preferencias, anuncios de interés, información personal e incluso localización. Pues bien, dichas informaciones se recopilan, se venden a las empresas. Cuanto más confidencial sea la información, como por ejemplo, perteneciente a sanidad, estado civil, edad, más rédito económico obtienen las *data brokers*.

Así pues, en este aspecto es necesario una regulación normativa más específica y centrada en aumentar la seguridad de la protección de datos de carácter personal y privacidad de los usuarios, de manera que la obtención se vea limitada y no se produzca ninguna vulneración.

Por último y a modo de conclusión, es imperativo detenerse durante un momento y no sólo tomar en consideración lo expuesto a lo largo de la presente obra, sino también observar nuestro alrededor. Entorno cada vez más plagado de pantallas, más hiperconectado y plagado de amenazas.

No se trata de alarmismo, sino de concienciación y adopción de una postura lógica, razonable y consecuente ante el futuro digital y el nuestro propio, como sociedad debemos educarnos y formarnos, como estados debemos velar por la salvaguarda de los mismos, así como garantizar un estado de derecho seguro, estable, sólido y con pretensiones de mejorar sus capacidades tanto fuera como dentro del ciberespacio. Como comunidad internacional, debe realizarse una tarea de concienciación para como mínimo adoptar unas legislaciones comunes que doten de más eficacia y alcance a las leyes sobre ciberinteligencia y ciberseguridad.

Una ciberguerra sería posible, el asunto es ¿Querremos anticiparnos y no dejar que suceda o pesarán más las diferencias e intereses económicos? La sociedad y toda la estructura sobre la cual se sostiene depende de que se logre instaurar unos medios y mecanismos de protección donde la ciberinteligencia haya podido dar el 100% de su capacidad.

Conocemos los antecedentes, vivimos el presente, detectamos errores y somos sabedores de los retos que se aproximan y si bien los sistemas jurídicos y la ciberinteligencia son clave, el factor determinante y fundamental es la acción y determinación humana. Nuestro futuro no será de la tecnología, continuará siendo nuestro. De nosotros depende si haremos de ella nuestra aliada o se la dejaremos en bandeja a los cibercriminales.

Anexos

BIBLIOGRAFÍA RECOMENDADA

A) Fundamentación jurídica comparada

Sánchez-Bayón, A. (2012). *Sistema de Derecho Comparado y Global: de las familias jurídicas mundiales al nuevo Derecho común*. Valencia: Tirant Lo Blanch.

SÁNCHEZ-BAYÓN, A.: *Introducción al Derecho Comparado y Global. Teorías, formas y prácticas* (pp. 175), Madrid: Delta Publicaciones, 2011

SÁNCHEZ-BAYÓN, A.: "Enseñanzas del Prof. Navarro-Valls para comprender el "aggiornamento" del Ordenamiento global: aplicación a las Américas" (vol. 1 Religión y Derecho, secc. 5 Derecho Comparado p. 1719-53), en MARTÍNEZ-TORRÓN, et al.: *Religión, Matrimonio y Derecho ante el siglo XXI. Estudios en homenaje al Profesor Rafael Navarro-Valls* (2 vols.), Madrid: Iustel, 2013

SÁNCHEZ-BAYÓN, A.: "Fundamentos de Derecho Comparado y Global: ¿cabe un orden común en la globalización?", en *Boletín Mexicano de Derecho Comparado* (nueva serie, año XLVII, nº 141), sept.-dic. 2014, pp. 1021-51 (ISSN: 0041-8633, ISSN-e: 0041-8633). DOI: 10.1016/S0041-8633(14)71183-4

SÁNCHEZ-BAYÓN, A.: "Trasplantes jurídicos de la globalización, *Revista General de Derecho Canónico y Derecho Eclesiástico del Estado-Iustel* (nº 23), mayo 2010, p. 1-20.

SÁNCHEZ-BAYÓN, A. (2010). Au revoir, loi de l´État. El fin del derecho estatal de bienestar. *Bajo Palabra*, 5: 143-162

B) Referencias usadas en el libro

1. arpanet - UCLA Library Digital Collections Search Results
2. Internet y ARPANET: así se gestó el germen de la última gran revolución global (xataka.com)
3. Robert Taylor, pionero de la informática (parceladigital.com)
4. Glosario (cni.es)
5. Primer ciberataque de la historia y los ciberataques que han perdurado en el tiempo (esedsl.com)

6. ¿Qué es un ataque Man-in-the-Middle (MITM)? Definición y prevención - Administración de Sistemas (administraciondesistemas.com)
7. Está es la historia del Gusano Morris - Cultura Informática (cultura-informatica.com)
8. Malware | INCIBE | INCIBE
9. 18 Código de EE. UU. § 1030 - Fraude y actividades relacionadas con computadoras | Código de EE. UU. | Ley de EE. UU. | LII / Instituto de Información Jurídica (cornell.edu)
10. *BOE 109 de 07/05/2002 Sec 1 Pag 16440 a 16444 (cni.es)*
11. *rd421-2004centrocriptologiconacional.pdf (cni.es)*
12. *Disposición 7191 del BOE núm. 106 de 2022*
13. INCIBE | INCIBE
14. Guía de ciberataques (incibe.es)
15. David L. Smith de Aberdeen Creador del Virus Melissa: Biografía (mejoreshackerfamosos.blogspot.com)
16. Anna Kournikova golpeó fuerte en la Red | Derecho de la Red
17. ¿Qué es un parche informático? (contrapc.es)
18. Documentos de Visual Basic: inicio, tutoriales y referencias. | Microsoft Learn
19. STUXNET: La primera ciberarma de la historia (cronicaseguridad.com)
20. Ciberguerra: tipos, peligros y ejemplos actuales | NordVPN
21. ¿Qué es SCADA? Control de Supervisión y Adquisición de Datos (oleumtech.com)
22. El virus Stuxnet ataca también a la industria alemana | Público (publico.es)
23. Un ciberataque roba datos personales de titulares de mascotas en - ESdiario
24. Air Europa sufre un ciberataque y pide a sus clientes que cancelen las tarjetas de crédito | Economía | EL PAÍS (elpais.com)
25. Qué son los ataques DDoS y cómo evitarlos (kaspersky.es)
26. ¿Qué es phishing? - Definición, ejemplos de ataques y más | Proofpoint ES
27. ¿Qué es el smishing? (norton.com)
28. Baiting: qué es y cómo evitar este ataque informático de ingeniería social (redseguridad.com)

29. ¿Qué es spam y como evitarlo? | Proofpoint ES

30. ¿Qué es el spoofing? Todo lo que debes saber | NordVPN

31. https://www.google.com/url?sa=t&rct=j&q=&esrc=s&source=web&cd=&cad=rja&uact=8&ved=2ahUKEwjQ2sb86_KBAxWmTqQEHZBCAGUQFnoECA4QAQ&url=https%3A%2F%2Fdialnet.unirioja.es%2Fdescarga%2Farticulo%2F9087349.pdf&usg=AOvVaw0fd62aj-xIBxBdRJL8k3Ik&opi=89978449

32. L_2016194ES.01000101.xml (europa.eu)

33. 18 U.S. Code § 1343 - Fraud by wire, radio, or television | U.S. Code | US Law | LII / Legal Information Institute (cornell.edu)

34. Comisión Federal de Comunicaciones (FCC, por sus siglas en inglés) | Los Estados Unidos de América

35. 47 Código de los Estados Unidos § 151 - Propósitos del capítulo; Crean la Comisión Federal de Comunicaciones (FCC, por sus siglas en inglés) | Código de EE. UU. | Ley de EE. UU. | LII / Instituto de Información Jurídica (cornell.edu)

36. Título III de la Ley Ómnibus de Control de la Delincuencia y Calles Seguras de 1968 (Ley de Escuchas Telefónicas) | Oficina de Asistencia Judicial (ojp.gov)

37. Descripción general de la Ley de Privacidad de 1974 (edición de 2015) (justice.gov)

38. Privacy Act 1988 (legislation.gov.au)

39. Ley de Telecomunicaciones (Interceptación y Acceso) de 1979 (legislation.gov.au)

40. ¿QUÉ ES LA COMMONWEALTH? ORIGEN Y PRESENTE - Geopol 21

41. REGLAMENTO DE TRANSACCIONES ELECTRÓNICAS 2020 (F2020L00956) EXPOSICIÓN DE MOTIVOS (austlii.edu.au)

42. Loi n° 78-17 du 6 janvier 1978 relative à l'informatique, aux fichiers et aux libertés - Légifrance (legifrance.gouv.fr)

43. 21.pdf (unam.mx)

44. Particulier | CNIL

45. Ley de Acceso a la Información (justice.gc.ca)

46. Personal Information Protection and Electronic Documents Act (justice.gc.ca)

47. BOE-A-1985-23447 Convenio para la protección de las personas con respecto al tratamiento automatizado de datos de carácter personal, hecho en Estrasburgo el 28 de enero de 1981.

48. WIPO Lex, Israel, Ley de protección de privacidad, 5741-1981
49. Versión consolidada del Tratado de Funcionamiento de la Unión Europea (boe.es)
50. Gaceta de Derecho Federal Gaceta de Derecho Federal Archivo en línea 1949 - 2022 | Bundesanzeiger Verlag (bgbl.de)
51. Gaceta de Derecho Federal Gaceta de Derecho Federal Archivo en línea 1949 - 2022 | Bundesanzeiger Verlag (bgbl.de)
52. Documento1 (sanidad.gob.es)
53. "El gasto ha podido ser excesivo, pero es una inversión de futuro" | Sociedad | EL PAÍS (elpais.com)
54. Debemos desmentir este mito milenario de los bichos | Cartas | El Guardián (theguardian.com)
55. Homeland Security Act 2002, Public Law 107-296 (dhs.gov)
56. Home | Homeland Security (dhs.gov)
57. actividadKreibohmRevistaREF.pdf (iri.edu.ar)
58. Página de inicio | CISA
59. Oficina de Inteligencia y Análisis | Seguridad Nacional (dhs.gov)
60. Investigaciones de Seguridad Nacional | HIELO (ice.gov)
61. ICE | Servicio de Inmigración y Control de Aduanas de Estados Unidos
62. Centro de Delitos Cibernéticos de HSI | HIELO (ice.gov)
63. uscode.house.gov/statviewer.htm?volume=116&page=2156
64. The USA PATRIOT Act: Preserving Life and Liberty (justice.gov)
65. PLAW-107publ347.pdf (govinfo.gov)
66. El Presidente Promulga Ley sobre el Gobierno Electrónico (archives.gov)
67. Inicio USCYBERCOM
68. Operate, Defend, Attack, Influence, Inform | U.S. Army Cyber Command
69. U.S. Fleet Cyber Command / Commander, U.S. 10th Fleet (navy.mil)
70. Sixteenth Air Force (Air Forces Cyber) > Home (af.mil)
71. People, Ideas, Things... In That Order (marines.mil)
72. CNMF (cybercom.mil)
73. JFHQ-DODIN Home
74. Executive Order – Improving Critical Infrastructure Cybersecurity | whitehouse.gov (archives.gov)

75. National Institute of Standards and Technology (nist.gov)
76. Cybersecurity Information Sharing Act of 2015 (cisa.gov)
77. Página de inicio | CISA
78. Computer Misuse Act 1990 (legislation.gov.uk)
79. Regulation of Investigatory Powers Act 2000 (legislation.gov.uk)
80. Home | MI5 - The Security Service
81. Communications Act 2003 (legislation.gov.uk)
82. Man fined for hate crime after filming pug's 'Nazi salutes' - BBC News
83. SPA (publishing.service.gov.uk)
84. National Cyber Security Centre - NCSC.GOV.UK
85. Acuerdo de Retirada entre la Unión Europea y el Reino Unido (europa.eu)
86. ¿Qué es un firewall? Funcionamiento de los firewalls y tipos de firewalls (kaspersky.com)
87. VPN: Definición y usos - Panda Security
88. ¿Qué es Tor?, ¿es seguro?, ¿cómo funciona? | Avast
89. ¿Qué es un proxy abierto? | phoenixNAP Glosario de TI
90. Plataforma de participación ciudadana: Software en línea | CitizenLab
91. 微博 (weibo.cn)
92. Evolución del Gran Cortafuegos chino: 21 años de censura · Global Voices en Español
93. Decisión del Comité Permanente de la Asamblea Popular Nacional sobre la Salvaguardia de Internet Security__State Gaceta del Consejo Nº 2001 del sitio web 5_Chinese Gobierno (www.gov.cn)
94. WIPO Lex
95. EE UU presenta cargos de espionaje industrial contra cinco militares del Ejército chino (20minutos.es)
96. El internet de Putin sigue avanzando: Rusia prueba con éxito desconectarse por completo del mundo (elespanol.com)
97. Cronología constitucional: Año 1984 - Constitución española (congreso.es)
98. Home | CERN
99. RedIRIS - Historia
100. Videotex, así era el internet antes de internet que trató de revolucionar las telecomunicaciones (xataka.com)
101. BOE.es - Código de Derecho de la Ciberseguridad

102. Ministerio de Asuntos Económicos y Transformación Digital - Digitalización e Inteligencia Artificial - Telecomunicaciones e Infraestructuras Digitales (mineco.gob.es)
103. España, en el podio mundial de ciberataques: es el tercer país con más cuentas hackeadas en 2023 (elespanol.com)
104. Estadísticas de violación de datos del 2023T2 de <> - Surfshark
105. Informe sobre la cibercriminalidad en España 2022 (interior.gob.es)
106. Pentesting | INCIBE | INCIBE
107. Ransomware: una guía de aproximación para el empresario (incibe.es)
108. BOE-A-1999-23750 Ley Orgánica 15/1999, de 13 de diciembre, de Protección de Datos de Carácter Personal.
109. BOE-A-2018-16673 Ley Orgánica 3/2018, de 5 de diciembre, de Protección de Datos Personales y garantía de los derechos digitales.
110. BOE-A-2021-8806 Ley Orgánica 7/2021, de 26 de mayo, de protección de datos personales tratados para fines de prevención, detección, investigación y enjuiciamiento de infracciones penales y de ejecución de sanciones penales.
111. BOE-A-1978-31229 Constitución Española.
112. Sistema HJ - Resolución: SENTENCIA 254/1993 (tribunalconstitucional.es)
113. BOE-T-2001-332 Pleno. Sentencia 292/2000, de 30 de noviembre de 2000. Recurso de inconstitucionalidad 1.463/2000. Promovido por el Defensor del Pueblo respecto de los arts. 21.1 y 24.1 y 2 de la Ley Orgánica 15/1999, de 13 de diciembre, de Protección de Datos de Carácter Personal. Vulneración del derecho fundamental a la protección de datos personales. Nulidad parcial de varios preceptos de la Ley Orgánica.
114. Sistema HJ - Resolución: SENTENCIA 94/1998 (tribunalconstitucional.es)
115. Sinopsis artículo 18 - Constitución Española (congreso.es)
116. Biografia de Francisco Franco Bahamonde (biografiasyvidas.com)
117. ley9-1968secretosoficiales.pdf (cni.es)
118. Laya se escuda en la ley de secretos oficiales para no desvelar quién autorizó la entrada de Ghali (larazon.es)
119. Quién es Brahim Ghali, el líder del Frente Polisario (20minutos.es)
120. Resolucion-027756-MAEC-anonimizada.pdf (transparencia.gob.es)

121. BOE-A-2002-8627 Ley Orgánica 2/2002, de 6 de mayo, reguladora del control judicial previo del Centro Nacional de Inteligencia.
122. BOE-A-2002-8628 Ley 11/2002, de 6 de mayo, reguladora del Centro Nacional de Inteligencia.
123. BOE-A-2007-16830 Orden PRE/2740/2007, de 19 de septiembre, por la que se aprueba el Reglamento de Evaluación y Certificación de la Seguridad de las Tecnologías de la Información.
124. BOE-A-2010-1331 Real Decreto 4/2010, de 8 de enero, por el que se regula el Esquema Nacional de Interoperabilidad en el ámbito de la Administración Electrónica.
125. BOE-A-2014-5111 Orden ESS/775/2014, de 7 de mayo, por la que se crea el Comité de Seguridad de los Sistemas de Información de la Seguridad Social.
126. BOE-A-2018-799 Orden PRA/33/2018, de 22 de enero, por la que se publica el Acuerdo del Consejo de Seguridad Nacional, por el que se regula el Consejo Nacional de Ciberseguridad.
127. Consejo Nacional de Ciberseguridad | DSN
128. BOE-A-2010-1330 Real Decreto 3/2010, de 8 de enero, por el que se regula el Esquema Nacional de Seguridad en el ámbito de la Administración Electrónica.
129. BOE-A-2007-12352 Ley 11/2007, de 22 de junio, de acceso electrónico de los ciudadanos a los Servicios Públicos.
130. BOE-A-2022-7191 Real Decreto 311/2022, de 3 de mayo, por el que se regula el Esquema Nacional de Seguridad.
131. Real Decreto-ley 12/2018, de 7 de septiembre, de seguridad de las redes y sistemas de información. (boe.es)
132. BOE-A-2022-4973 Real Decreto-ley 7/2022, de 29 de marzo, sobre requisitos para garantizar la seguridad de las redes y servicios de comunicaciones electrónicas de quinta generación.
133. Ministerio de Asuntos Económicos y Transformación Digital - Digitalización e Inteligencia Artificial - Telecomunicaciones e Infraestructuras Digitales (mineco.gob.es)
134. Estrategia Nacional de Ciberseguridad 2019.pdf (dsn.gob.es)
135. MPR. Home
136. MPR. 29/03/2022. El Gobierno aprueba el Plan Nacional de Ciberseguridad [Prensa/Notas informativas]
137. BOE-A-2011-7630 Ley 8/2011, de 28 de abril, por la que se establecen medidas para la protección de las infraestructuras críticas.

138. BOE-A-2011-8849 Real Decreto 704/2011, de 20 de mayo, por el que se aprueba el Reglamento de protección de las infraestructuras críticas.
139. BOE-A-2015-10060 Resolución de 8 de septiembre de 2015, de la Secretaría de Estado de Seguridad, por la que se aprueban los nuevos contenidos mínimos de los Planes de Seguridad del Operador y de los Planes de Protección Específicos.
140. CNPIC | Inicio (interior.gob.es)
141. Respuesta 24x7 para Infraestructuras Críticas | INCIBE-CERT | INCIBE
142. BOE-A-2002-13758 Ley 34/2002, de 11 de julio, de servicios de la sociedad de la información y de comercio electrónico.
143. BOE-A-2020-5190 Real Decreto 521/2020, de 19 de mayo, por el que se establece la organización básica de las Fuerzas Armadas.
144. BOE-A-2020-8638 Orden DEF/710/2020, de 27 de julio, por la que se desarrolla la organización básica del Estado Mayor de la Defensa.
145. BOE-A-2004-5051 Real Decreto 421/2004, de 12 de marzo, por el que se regula el Centro Criptológico Nacional.
146. Barrio AndrésM. (2011). La ciberdelincuencia en el Derecho español. *Revista De Las Cortes Generales*, (83), 273-305. https://doi.org/10.33426/rcg/2011/83/473
147. BOE-A-1995-25444 Ley Orgánica 10/1995, de 23 de noviembre, del Código Penal.
148. BOE-A-2000-641 Ley Orgánica 5/2000, de 12 de enero, reguladora de la responsabilidad penal de los menores.
149. Cybernetics Or Control and Communication in the Animal and the Machine - Norbert Wiener - Google Libros
150. Cibernética | Castellano - La Página del Idioma Español = El Castellano - Etimología - Lengua española
151. Téllez, J. Derecho Informático. 4ta. Edición. México: McGraw-Hill. 2009.
152. BOE-A-2010-14221 Instrumento de Ratificación del Convenio sobre la Ciberdelincuencia, hecho en Budapest el 23 de noviembre de 2001.
153. 1680a6f9f4 (coe.int)
154. BOE-A-2015-793 Instrumento de Ratificación del Protocolo adicional al Convenio sobre la Ciberdelincuencia relativo a la penalización de actos de índole racista y xenófoba cometidos por medio de sistemas informáticos, hecho en Estrasburgo el 28 de enero de 2003.

155. BOE.es - DOUE-L-2023-80291 Segundo Protocolo adicional al Convenio sobre la Ciberdelincuencia, relativo a la cooperación reforzada y la revelación de pruebas electrónicas.
156. Los ministros digitales europeos firman la Declaración de Tallin sobre administración electrónica – Consorci AOC.
157. ¿Qué es un hacktivista? | KeepCoding Bootcamps
158. Home page - OECD
159. OCDE_directrices_seguridad_SI.doc (hacienda.gob.es)
160. ¿Qué fue el Plan Marshall? - El Orden Mundial - EOM
161. International_strategy_for_cyberspace.pdf (archives.gov)
162. La estrategia internacional para el ciberespacio (ieee.es)
163. UIT: Comprometida para conectar el mundo (itu.int)
164. D-STR-CYB_GUIDE.01-2018-PDF-S.pdf (itu.int)
165. Compendio de Ciberdelicuencia Organizada (unodc.org)
166. 5AMAccs7mSlXgbff1Ua785WwMWcABDJw - DocumentCloud
167. Tracking GhostNet: Investigating a Cyber Espionage Network (citizenlab.ca)
168. Escuela Munk de Asuntos Globales y Políticas Públicas | La Escuela Munk (utoronto.ca)
169. BOE.es - DOUE-L-1995-81678 Directiva 95/46/CE del Parlamento Europeo y del Consejo, de 24 de octubre de 1995, relativa a la protección de las personas físicas en lo que respeta al tratamiento de datos personales y a la libre circulación de estos datos.
170. BOE.es - DOUE-L-2002-81371 Directiva 2002/58/CE del Parlamento Europeo y del Consejo, de 12 de julio de 2002, relativa al tratamiento de los datos personales y a la protección de la intimidad en el sector de las comunicaciones electrónicas (Directiva sobre la privacidad y las comunicaciones electrónicas).
171. BOE.es - DOUE-L-2004-80487 Reglamento (CE) nº 460/2004 del Parlamento Europeo y del Consejo, de 10 de marzo de 2004, por el que se crea la Agencia Europea de Seguridad de las Redes y de la Información.
172. ENISA (europa.eu)
173. BOE.es - DOUE-L-2019-80998 Reglamento (UE) 2019/881 del Parlamento Europeo y del Consejo, de 17 de abril de 2019, relativo a ENISA (Agencia de la Unión Europea para la Ciberseguridad) y a la certificación de la ciberseguridad de las tecnologías de la información y la

comunicación y por el que se deroga el Reglamento (UE) nº 526/2013 («Reglamento sobre la Ciberseguridad»).

174. pdf (europa.eu)
175. L_2016194ES.01000101.xml (europa.eu)
176. L_2022333ES.01008001.xml (europa.eu)
177. pdf (europa.eu)
178. file.html (cni.es)
179. La Inteligencia (cni.es)
180. Ciberseguridad en la identidad digital y la reputación online. Guía de recomendaciones para las empresas | Empresas | INCIBE
181. Ciberamenazas contra entornos empresariales: una guía de aproximación para el empresario | Empresas | INCIBE
182. CERT-UA
183. Six Russian GRU Officers Charged in Connection with Worldwide Deployment of Destructive Malware and Other Disruptive Actions in Cyberspace: Unsealed Indictment (justice.gov)
184. Portal estadístico de criminalidad (mir.es)
185. Qué son las criptomonedas: usos, ventajas y futuro – LISA Institute.
186. Sophia Robot: La revolución de los robots humanoides (innovaciondigital360.com)
187. *Juan Manuel Aguilar Antonio, «La brecha de ciberseguridad en América Latina frente al contexto global de amenazas», Revista de Estudios en Seguridad Internacional, Vol. 6, No. 2, (2020), pp. 17-43. DOI: http://dx.doi.org/10.18847/1.12.2*
188. Ley de IA de la UE: primera normativa sobre inteligencia artificial | Noticias | Parlamento Europeo (europa.eu)

C) Publicaciones de consulta sobre regulación de ciberinteligencia

Coba Navarrete, J. L., & Mantilla Pillasagua, B. J. (2021). *Análisis de seguridad enfocado en la ciberinteligencia de la red de datos en las instalaciones de la Empresa Macrogram Cía. Ltda. ubicada en la Ciudad de Guayaquil* (Doctoral dissertation, Universidad de Guayaquil. Facultad de Ciencias Matemáticas y Físicas. Carrera de Ingeniería en Networking y Telecomunicaciones).

Ibáñez, E. M. (2016). Los retos de la ciberinteligencia. *3ª ÉPOCA*, 53.

Huidobro, C. B. (2023). GESTIÓN Y ALMACENAMIENTO DE DATOS: DESAFÍOS PARA LA CIBERINTELIGENCIA. *Cuaderno de trabajo*, (1), 1-21.

Hirane, C. S. (2018). CIBERINTELIGENCIA: CONTEXTUALIZACIÓN, APROXIMACIÓN CONCEPTUAL, CARACTERÍSTICAS Y DESAFÍOS. *Cuaderno de trabajo,* (1), 1-32.

Piracoca Piracoca, H. (2016). *Evaluación de la regulación y de las herramientas tecnológicas de interceptación telefónica y su impacto a la seguridad nacional en Colombia* (Doctoral dissertation).

Dionísio, C. S. G. (2018). *A responsabilidade internacional dos Estados e operações cibernéticas* (Doctoral dissertation).

Del-Real, C., & Rodriguez Mesa, M. J. (2023). From black to white: the regulation of ethical hacking in Spain. *Information & Communications Technology Law, 32*(2), 207-239.

Kalkman, J. P., & Wieskamp, L. (2019). Cyber intelligence networks: A typology. *The International Journal of Intelligence, Security, and Public Affairs, 21*(1), 4-24.

Especial agradecimiento por el apoyo en la presente obra a la empresa
MiB!ZPARTNERS